証言 大谷翔平

張本 勲＋野村克也＋
江本孟紀 ほか

宝島社新書

はじめに

「いまのショウヘイは神レベル」

「MLBで最も魅力のある選手」

「どれだけすごいか表現する方法がなくなってしまった……」――全米が2021年シーズンの大谷翔平の活躍を手放しで絶賛している。

メジャー4年目を迎えた大谷翔平の活躍はまさに「神レベル」と言っていい。打者としては本塁打を量産、リーグの本塁打争いでトップに立ち、投手としても安定した投球を見せつけている（2021年5月18日時点）。

本書は2018年7月に小社から刊行された単行本『証言 大谷翔平 大リーグを変える「天才二刀流」の素顔』を新書化したものである。花巻東高校時代のチームメイト、日本ハム時代のコーチ・同僚など大谷をよく知る人たちに、彼の素顔と知られざるエピソードを忌憚《きたん》なく語ってもらった内容で、刊行当時、大きな反響を得た。2018年5～6月の取材当時、大谷はメジャーで鮮烈なデビューを飾った時期だった。

大谷が「神レベル」の活躍をする現在、改めて大谷の「すごさ」を、「原点」を彼を間近で見た人々の証言、プロ野球で偉大な記録を打ち立てたOBの視点から紐解いてみたい。新書化にともない、独特の存在感でメジャーの舞台でも人気を博した川﨑宗則氏のインタビューを特別収録した。元メジャーリーガーの眼に大谷の活躍は、どのように映っているのか。

ファン視点ではわからない、「100年に一人の男」の才能、素顔、人間力――。本書を一読すれば、これまでに以上に大谷翔平について語りたくなるはずだ。

宝島社書籍編集部

目次

第二章　覚醒——花巻東高校時代

第三章　圧倒——ライバルたちの証言

第四章　異例――レジェンドOBの「二刀流」私見

第五章　傑出――取材者たちの眼

装丁／bookwall
本文ＤＴＰ／一條麻耶子
カバー写真／Bob Levey/Getty Images

特別編

元メジャーリーガーが見た「2021年の大谷翔平」

世界一、野球を楽しめている。だから結果もついてくる

川崎宗則（栃木ゴールデンブレーブス）

（2021年5月14日取材）

記録より、記憶に残る日本人メジャーリーガー――。そのなかでも、アメリカのファンに最も愛された男かもしれない。

川崎宗則は2011年オフ、海外FA権を行使してのメジャー挑戦を表明した。12年間在籍した福岡ソフトバンクホークスを離れ、当時イチロー（現シアトル・マリナーズ会長付特別補佐兼インストラクター）が所属するシアトル・マリナーズに移籍。5年間で3球団に所属した。メジャーでの本塁打は、13年に放ったわずか1

本。しかし、本塁打数以上のインパクトを米球界に残した。

語彙《ごい》は少なくとも、勢いのある英語で現地のインタビュアーを圧倒。明朗快活な人柄と豊かな表情は、異国においても愛された。グラウンド内外で、野球をする喜びを体現してきた川崎は、「メジャーリーガー・大谷翔平」をどう見ているのか。

「アンビリーバボー、クレイジーだね。クレイジーって褒め言葉ですよ。最高っていう意味です。大谷選手にはアメリカの野球が本当にマッチしているし、野球を楽しんでいる。『楽しむ』――それは、彼がもともと求めていたものじゃないかな。彼が楽しむから、周りもそうさせてくれてるんだと思いますね」

太平洋を渡り、川﨑は実働5シーズンで通算276試合出場、打率2割3分7厘。得たものは数字と経験だけではない。アメリカの野球に接して「野球を楽しむこと」を思い出した。

「試合の始まりにしても、日本のときは『はじめ！』と言われたような気がしていましたが、アメリカで聞いた『プレー・ボール』は、〝ボールで遊びなさい〟と言われたような感覚があった。ああ、そうだよなあ、昔そうだったもんなあ、と思い出したような気がしました。日本でやっているから楽しくないというわけではなくて、いろんな国の人たちとボールを交えて、いろんなプレーをすることによって自分の感性も広がるし、素晴らしい経験にもなる。そういうところなんです。だから、メジャーに行っている選手たちは、いつもツヤツヤしてますよね（笑）。野球は『Have fun!』（楽しんで！）、楽しいものなんです。それを思い出させてくれたのがアメリカの野球でした」

大谷とマドン監督はマッチする

大谷が所属するロサンゼルス・エンゼルスの指揮官は、2020年に就任したジョー・マドン監督。同監督は長年エンゼルスで指導者を務めたのち、06年にタンパベイ・デビルレイズ（現・レイズ）の監督に就任。15年からはシカゴ・カブスで指揮を執り、翌年には球団に108年ぶりのワールドシリーズ制覇をもたらした。日本人選手とも縁が深く、07年にレイズに加入した岩村明憲氏（現・福島レッドホープス監督）とは、08年のリーグ制覇を経験している（同年、マドン監督はア・リーグ最優秀監督賞を受賞）。現役最終年をレイズで過ごした松井秀喜氏（現ニューヨーク・ヤンキースGM特別アドバイザー）も、カブスでプレーしたダルビッシュ有（現サンディエゴ・パドレス）も同監督の下でプレーした。

川﨑にとっても、メジャー最後の所属球団となったカブス時代の監督である。現在、大谷の二刀流を後押しするマドン監督はどんな人物なのだろうか。

「大谷選手とジョーはマッチすると思うんですよね。ジョーはもう、クレイジーだから。とにかくクレイジー、最高なんですよ。大谷選手は退屈しないと思います。ジョーは選手をリラックスさせて、いいパフォーマンスが出るようにと、いつも考えているんです。そのためには、まず監督である自分自身が機嫌をよくしておかなければいけないと考えている。メンタルトレーナーと話をしてからミーティングに臨む。監督室にはいつも音楽がかかっていましたね。監督の機嫌がよければ、選手は気持ちよくプレーできるんです」

川﨑のカブス時代は16年シーズンの1シーズンで14試合出場、打率3割3分3厘。マドン監督に「ジョー、今日は俺を使ってくれ」と話しかけられる雰囲気があったという。フロリダ・タンパでレストランも経営していた同監督の部屋には、ワインセラーが設置され、高級ワインがズラリと並んでいた。「いつか、その赤ワインを飲ませてくれ」――。選手がそんな冗談を言えるほど、マドン監督とはフランクな関係を保っていた。

しかし、選手が監督室に足を踏み入れるのは、いい時ばかりではない。マイナー行きの通達は、いつもそこで行われるのだ。

「監督室に呼ばれたら、『あ、落ちるな』ってわかるんです。『今日は行かない、俺、お腹が痛いから』って返事をしたこともありましたけどね(笑)。行ってみると、監督のジョーとヘッドコーチとGMがいて、『カワ、あしたからマイナーだ』と」

マイナー落ちを通告されたある時、川﨑は以前から温めていた、ある〝作戦〟を決行したことがある。

「わかった、いいんだよ、大丈夫。その代わり、あのいちばん高いワインを飲ませてくれないか。俺はタダでは落ちたくないいんだ」

こう主張したところ、マドン監督はすんなりと承諾してくれたという。

「『ＯＫ、ＯＫ』って、ワインをポンッと開けて、みんなで乾杯。マイナーに落ちるのに乾杯した選手は、僕ぐらいだったみたい。２本飲んだ（笑）。『よーし、これだったら気持ちよく落ちるわ』って。それから毎回、落ちる時はワインを飲んでいたんです。そういうことも許してくれましたね」

また、マドン監督が選手たちに「意識づけ」を行う手法も一風変わっていた。檄《げき》を飛ばす代わりに、月替わりでメッセージが書かれたＴシャツを選手に配っていたこともあったという。

「たとえば、今月は『ゆっくり行こうぜ』、別の月は『ガンガン攻めて行こうぜ』。また違う月には『家族を大事にね』とかね。選手はそのＴシャツを着て練習をするわけです。ミーティングで言うんじゃなくて、配ったＴシャツにメッセージが書いてあるというテクニック。ほかにも移動のときにスーツを着ない『パジャマ・デー』や『仮装デー』をつくったり、球場に動物を連れてきたりしたこともありましたね。いまいるメンバーをいかにリラックスさせるか、ということに努力と工夫をする監督。だからこそ、何年もメジャーで監督ができるんだと思います。大谷選手も、きっと時にはミスをすることもあるでしょう。でも、ジョーはメディアに向けて選手を言葉で叩かない。その選手は周りから叩かれるから、彼は選手を絶対に守る。だから、大谷選手ものびのびできると思います。ジョーは常に『Have fun!』なんですよ」

イチローのシーズン最多安打記録も「4年目」

川崎はメジャー4年目を迎えた今年（2021年）が大谷のターニングポイントだと指摘する。イチローがメジャーのシーズン最多安打記録（262安打）を打ち立てたのは2004年、太平洋を渡って4年目のことだった。

「4年目って、ちょうどいいんですよ。環境にも英語にも慣れ、ルーティーンができて、メンタル面で楽になります。結果うんぬんではなく、今年1年間ずっとグラウンドに立てるか、という大事な時期だと思います。ジョーもいますし、彼ならきっとできるはずです」

メジャーで二刀流をやり続ける。練習では投手、そして打者として繊細かつ膨大な準備が必要となる。それでも大谷は、4月26日（現地時間）のレンジャーズ戦で「2

番・投手」として先発出場して今季初勝利を挙げた。本塁打数リーグトップの選手が先発したのは、ベーブ・ルース以来100年ぶりの偉業だった。

「これはすごいですよ、大変なことですよ。しかも、相手はメジャーリーグの投手、メジャーリーグの打者。そのなかで大谷選手はどんどんレベルアップしている。真似したくてもできないし、スペシャルな男にしかできないこと。だから、僕ら日本人が彼をリアルタイムで見られることは、本当にラッキーなんです」

打者としては大谷とは違うタイプだからこそ、日米の打者の違いを実感している。

「メジャーはやっぱり本塁打なんです。もちろん日本にもいい打者は多いんですけど、どちらかというとつないでくる。感覚としては『先の塁、先の塁』なんです。アメリカの打者は先の塁ではなく、1点を取りにくる打撃をする。スイングするだけで『ブンッ』と音が出る。その音は投手にとって、すごくプレッシャーになるんですよ。1番から9番まで本塁打が打てて、ひと振りで1点を取る野球を目指すのがメジャーリーグなんです」

大谷の打撃の秘密は「捻転力」

日本人メジャーリーガーでは、イチローが日米通算4367安打を積み上げ、プロ野球における通算安打の世界記録を樹立した。読売ジャイアンツ時代に3度の本塁打王に輝いた松井秀喜氏は、メジャーでは自身を「中距離打者」と評したといわれる。そのなかにおいて大谷は2021年5月18日時点で、両リーグを通じて本塁打数で単独トップに立つなど、長距離砲として存在感を示している。

「本当は、イチローさんも長打が打てる打者なんですよ。だけど、イチローさんは徹底的に1番打者、ヒットメーカーに徹した。イチローさんほどのレベルにまで達するとヒットも評価されるのですが、いまのメジャーのトレンドでは長打が打てないとなかなか厳しい時代になってきました。長打を打たないと、なかなか攻撃の起点になりづらい。捕手の肩が強いし、投手のクイックが速いので盗塁が減ってきています。だからこそ盗塁の意識が大事なのですが、いまのメジャーの評価傾向は長打を打てる打者、ですね」

だからこそ、大谷のすごみが際立つのだ。

「そのなかでも、大谷さんはトップクラスの選手。投手でもすごいですし、打者としては長打もすごい、足だって速い。そして、ひと振りで点が取れる打者だからこそ需要があるわけです。メジャーの投手から打つのは本当に大変。打てなかった僕が言うんだから間違いないですよ（笑）。大谷選手の特徴としては、とくに体を捻転させる（ねじる）柔らかさがすごいと思いますね。その捻転する力も強い。少々差し込まれても、体を自分で逃がしていって強い打球が打てる。それもあって、メジャーの投手を相手にポイントを近くしてもなんとか体をずらして対応できる。脇周りの筋肉が柔らかいと思うんです」

投打のタイプ以外にも、日米球界の違いはある。そのひとつがメンタルトレーナーの存在だという。

「メジャーの球団には、各チーム5人くらいメンタルトレーナーがいます。この点は日本とはかなり違うところ。メンタルコントロールは自分ではやりづらい人もいるので、メンタルケアはかなり大事なんです。ポイントは『落とす』こと。メンタルを上げることはみんなやっているけれど、試合が終わったら上がったのを落とさないといけない。上がりっぱなしだと壊れちゃうわけです。1回落としてリラックスすれば、今度は上がっていくのですが、この落とす作業がとても難しい。落としすぎるとケガをしやすいし、パフォーマンスに影響が出るので、うまく落とすことを考える。僕はジョー（・マドン監督）のところにいた時にそれを学んだので、いまもエンゼルスにはメンタルトレーナーがいるはずです。いま、大谷選手のメンタルも、そのおかげで保たれてるのではないかと思いますね」

リラックスするのもトレーニング

川﨑もアメリカ時代はよくメンタルケアの面談を受けていた。通訳なしで臨んでいたため、その面談でもシンプルな英語を駆使して自力でトーク。考えがまとまらなかったとしても、まずは口に出してみることが大事だという。

「たわいもないことでもいいんですよ。ほかの人に話してみることです。いま何を思っているかを話して、自分のいろんな考えをとりあえず風船みたいにふわふわと置いておく。そうしておいて、今度は風船を見る角度を変えてみると、考えを客観的に見れるようになったりします。話したくないことは話さなくていいし、話せることを話していく。大事なことだと思うんですよ。野球だけじゃなくて」

2017年に古巣・ソフトバンクで日本球界に復帰。その後は、自律神経失調症に苦しんだ時期もある。19年に台湾・味全《ウェイチュアン》ドラゴンズでコーチ兼選手として現役復帰し、20年も台湾でプレーする予定だったが、新型コロナウイルス感染拡大の影響で断念。独立リーグ「ルートインBCリーグ」の栃木ゴールデンブレーブスでプレーすることになり、今年で2年目を迎えた。

「日本では『メンタルケア』って言うと、すごく言いづらいんですよ。みんな警戒しちゃうし、『メンタル、弱いんだ』って思われたくないじゃないですか。ほかの言葉に変えるべきですね。〝癒やし系トレーナー〟とか（笑）。うん、いいね。癒やし系トレーナーって名前。各球団、各会社、各学校、各家庭でも癒やしを取り入れてほしい。動物を触る、お酒を飲む、スイーツを食べる。何でもいいんです。一日のなかで1個でも2個でもいい。それがいいパフォーマンスに……じゃないな、幸せ度につながるんです」

日本球界復帰後に体調を崩したときは、ダルビッシュから瞑想のトレーニングを教えてもらったという。言葉も環境も異なるアメリカ時代は、メンタルケアの面談のほかにも〝癒やし〟の場があった。

「試合後は、チームメートにホテルのバーへ連れて行ってもらって、ウイスキーを飲みながら英語を教えてもらっていました。飲みながら、みんなの英語を聞いてるだけでいい。全員酔っぱらうと、僕の英語がなぜか流暢《りゅうちょう》になっちゃって、しゃべれるようになるんです。それがすごく癒やされました。最近は栃木で温泉に入って、瞑想していますね。リラックス、リラックス、リラックス。温泉に入って瞑想して癒やされています」

野手のすごさをリスペクトしているはず

二刀流を続ける大谷にはとりわけ、感謝している人がいると川﨑は考えている。

「大谷選手が誰よりもリスペクトしてるのは、イチローさんであり、（ＭＬＢ現役史上最高の選手のひとりといわれる中堅手の）マイク・トラウトだと思います。守っている時間は野手にとってものすごくキツイんですよ。大谷選手が投手のときは、マウンドで投げるからそれも大変なんだけど、自分主導で投げて、かつ常時体が動いている環境に置かれているとも言えます。ということは、ほかの野手にしてみたらある意味、すごくキツイことをやっていないようにも見える。野球のいちばんしんどい作業は、動かずにずっと待っていることだからです。ベンチにいることもそうですが、いつ来るかわからない打球を待つこと、それで自分の打席でも結果を出さなければいけないことは、本当に大変なんです。動き続けるほうがある意味、楽なんです。どんな点差になっても、たとえば10対0でも守っているイチローさん。たとえば0対11、大谷投手がいくら打たれてもずっと中堅で守り続けているマイク・トラウト。大谷選手からしたら、彼らに対してのリスペクトは計り知れないものだと思います。だから、大谷選手はみんなに感謝しているはずです。だから、いい結果につながっているのではないでしょうか。野手はピッチャーのために守る。ピッチャーも野手のために投げる。こういう信頼関係があるチームが強いんです」

川崎は現在、ＢＣリーグの栃木でプロ野球選手を夢見る若者とともにプレーし、ふとした会話のなかからさまざまな考え方を伝え、野球に臨む姿勢を背中で見せている。子供たちを指導する野球教室にも熱心だ。

「誰かに何かを伝えるということは、僕自身に伝えているのと同じなんですね。自分のプレーにすごく生きるんですよ。若い時に教えてもらったこと、自分が考えていまやっていることをアウトプットすることによって、また自分に返ってきて、『あっ』と気づくこともある。だからいま、プレーの状況はすごくいいですよ」

メジャーを経験して伝えたい技術もある。基本に忠実が是とされる日本では、少年たちに逆シングルでの捕球をあまり指導しない。ところが、基本どおりに正面で捕球すると腕を上下に使えないが、逆シングルだとグラブの高低差が使えることで、より捕球しやすくなるというのだ。

「こういうのは教えたがらないですけど、これはやるべきだなと思いますね。筋力がつく年齢になったら逆シングルはどんどん使うべきだなと思います。小中学生はどんどんエラーをするべきだし、ひたすら勝つような野球はしなくてもいいんです。野球で勝ったから、野球がうまいから偉いわけじゃない。野球をしていかに幸せになるかを考えることが大事。『Have fun!』なんです。大谷選手を見ていると、彼も『Have fun!』。メジャーリーグを本当に楽しんでいますよね。加えてジョーがいれば、鬼に金棒どころじゃない。〝鬼に機関銃〟くらい心強いはずです」

（本文中一部敬称略）

かわさき・むねのり●1980年、鹿児島県生まれ。鹿児島工から99年ドラフト4位でダイエー（現・ソフトバンク）に入団。2004年に最多安打と盗塁王のタイトルを獲得。06、09年、WBC日本代表。08年、北京五輪日本代表。11年オフに海外フリーエージェント権を行使してシアトル・マリナーズへ移籍。ブルージェイズ、カブスを経て17年にソフトバンクに復帰。現在は独立リーグ「ルートインBCリーグ」の栃木ゴールデンブレーブスに所属。

取材・文●丸井乙生

第一章　進化――日本ハム時代

バッターに専念すれば、盗塁王と合わせて四冠王

（2018年6月取材）

白井一幸（元日本ハム内野守備走塁コーチ）

大谷翔平が北海道日本ハムファイターズからドラフト1位指名を受けた2012年の秋。白井一幸は一軍内野守備走塁コーチを務めていた横浜DeNAベイスターズのユニホームを脱いだ。翌13年、白井は北海道のテレビ局の解説者として、ルーキーイヤーの大谷のプレーぶりを頻繁に目撃した。

「ピッチャーとしてもバッターとしても能力はすごいなとは思いましたけど、チームの外から見ていて一つ感じたのは、二刀流と言いながらも、野手としても試合に出ているので、コレは三刀流だなと。当然肉体的な疲労は大きい。イニングの合間

にはキャッチボールをすることになるし、打球が飛んできたらボールを投げることになる。肩への負担は大きいですよね。そうなればケガのリスクが大きくなる。まして1年目の選手で体力がないのに、ピッチャーと野手の両方をするっていうのは相当厳しいな、という目で見てました」

プロ1年目の大谷。一軍で13試合登板。外野手としても54試合に出場している。

「二刀流でもリスクが大きいのに、外野を守らせてケガをしたら、それこそどっちつかずになる。肉体的な疲労を考えても、現実的には不可能だと思いますね、守るというのは」

三刀流はやはり無理

2013年の秋。白井は古巣・日本ハムのユニホームを6年ぶりに着ることになった。与えられた役職は一軍の内野守備走塁コーチ兼作戦担当。大谷とは秋季練習で対面した。

「チームの中から見たら、外で見るよりもっとすごかったですね。打ったらものすごく飛ぶし、投げたら球が速いんですけど、とにかく身体能力がすごい。走ったり、身のこなしであったり、筋力やスピード、柔軟性や対応力、すべての面でダントツに身体能力が高い。外で見ている以上に高かったというのが秋のキャンプでしたね。あれだけ体が大きくて、身のこなしがいい選手は少ない。体が大きくて動きがバタバタしている人はいるけど、大谷は柔らかくてそつのない、無駄がなくてバランスの取れた動きができるんです」

白井はシートノックにおけるノッカーも務めた。大谷の外野手としての資質の高さも早々に確認した。

「打球判断は素晴らしかったですよ」

だが、三刀流はやはり無理。その考えは変わらなかった。

「現実的に考えて、ピッチャーとして投げて、一日おいて普通はみんなピッチングもしないのに、大谷は外野手として打球が飛んできたら全力で投げなきゃいけない。そのための準備をしなきゃいけない。いい体勢じゃなくても投げなきゃいけない。それでケガをするリスクを考えたら、三刀流は必要でしょうか、と。起用法を決めるのは栗山監督であり球団であって、僕は決める立場にないんですけど、僕は僕の意見を球団に述べました」

プロ2年目の大谷。外野手としての一軍出場は8試合にとどまった。そして三刀流はこのシーズン限りで封印された。

「僕の意見がどうこうではなく、これが本来あるべき姿ですから。でも、二刀流だって指名打者としてみんなが納得するような成績を残さない限り、やる意味がないと思っていましたから。そういう成績を残してこそ二刀流をやる価値があるんじゃないか、という話は監督にしました」

プロ2年目。大谷は日本のプロ野球史上初となる「同一シーズンでの二桁勝利(11勝)&二桁本塁打(10本)」を記録する。だが、依然として懐疑的な見方も根強かった。危惧されたのは絶対的な練習量の不足。いわく、二兎《にと》を追う者は一兎をも得ず。どちらかに専念すべきだ。世間は騒がしかった。だが、白井は歯牙にもかけない。

「それは常識にとらわれている人たちの声であり、その常識が正しいかどうかはわからない。ピッチャーのトレーニングは本当にピッチャーをするうえで有効なのかどうか。バッティングや走塁、そういう練習をすることで、かえってピッチャーにもプラスになるかもしれない、という仮説を立てなきゃいけない。その仮説がないままに、自分の小さな世界の中の常識にとらわれているから、二刀流はダメだとかそういう意見になる。私もチームの中に入って大谷を間近で見たときに、その可能性は限りなく高いし、二刀流をやらないのはもったいないないと思ってしまうわけですよ。それを外の人があぁでもない、こうでもない、自分たちの世界で、というのはまったく気にする必要がない。

二刀流の正しいトレーニングの仕方というのは未知数なわけです。試行錯誤しながらやっていくしかない。外の声を気にしてたらなにもできないですよ。もちろんやみくもにやっていたわけじゃないですよ。トレーニングコーチとかみんなが、大谷の肉体的な成長度合いやコンディションを加味しつつ、これが最善であろうということを何度もやりながら、最善と改善を繰り返すことで精度を上げていったんです。とにかくトレーニングとか起用法については、ケガのリスクを最大限排除する。

その点は監督もコーチもトレーナーもみんなが意識し続けましたね」

野球頭脳が優れている

自軍の攻撃時には三塁のベースコーチを務めた白井。本塁上での捕手と走者の衝突を回避するための「コリジョンルール」は2016年のシーズンから導入されたが、その前年、すなわち大谷のプロ3年目までは「回れ」なのか「止まれ」なのか。その判断については慎重にならざるを得なかったと明かす。

「やっぱりホームでクロスプレーになるのが一番イヤでしたね。クロスプレーになりそうなときはできるだけ腕を回さないとか、そういうのは当然気を配りました。コリジョンの導入前は完全にセーフのタイミングでもブロックされてアウトになるという異常な状態でしたから。だから、ブロックされないようなタイミングでしか回すことができなかった。コリジョンになってからは大谷がランナーであっても躊《ちゅう》躇《ちょ》しなかったですけど。

あと、ファイターズでは帰塁は頭からというのがルールなんですけど、大谷にはそういうリスクは背負わせたくないので、頭からベースに戻る必要はないという話はしましたね」

メジャーでは大谷の走力にもスポットライトが当たっている。白井は「いまさらですよ」と笑みを浮かべる。

「そのためのトレーニングを1年ぐらいやって、陸上のスパイクはいて100メートルを走ったら、日本記録をつくるんじゃないかと本当に思ってましたよ。それぐらい速い。バッターに専念していれば、三冠王どころか盗塁王と合わせて四冠王になれるぐらいのスピードを兼ね備えていますね。走るフォームも素晴らしい。身のこなしがいいのでスライディングもうまい。どんくささはゼロです。

打球判断も素晴らしいんですが、それはベース上でアウトカウントや相手の守備位置、試合展開とか、そういう事前の状況判断をしっかりしているからです。それがあったうえでの瞬時の打球判断になる。状況判断を間違えたら、打球判断はどんどんブレていく。状況判断ができるというのは野球頭脳が優れているということ。加えて瞬時の打球判断ができる。イコール野球頭脳が優れている。学んだり、考えたりする能力が高いということです」

打者ひと筋であれば、あるいは、投手ひと筋であれば、果たして大谷はどれほどの数字を残すのか。もったいない——。それが二刀流否定派の拠《よ》りどころにもなっていたが、白井はそんな声に耳を貸そうとはしない。

「ホームランは40本打つ選手はいっぱいいる。20勝するピッチャーもいっぱいいる。でも、二刀流で20本塁打、15勝ぐらいしたら、それのほうがすごいと思いませんか。メジャーにリトルリーグのような選手が現れたことをみんなが評価している。ワイドショーでも大谷を特集する。こんな先例ありますか？　両方できる人はいませんよ、ということなんです。これから先、仮に右ヒジの状態が悪くなって、バッターに専念するシーズンがあるとしたら、そこで40本打つことができる。それでいいんじゃないですか（笑）」

絶対に壊しちゃいけない

プロ4年目。大谷は自身の成績をもって周囲の雑音を封じ込めた。シーズン10勝

&22本塁打。チームのリーグ優勝&日本一に貢献するそのプロセスでは、いくつもの驚きを見る者に与えた。そこで白井に尋ねた。「白井さんが目撃したなかで、大谷選手の最高のパフォーマンスはどのプレーですか?」と。

「いっぱいありますよ。たとえば1番・ピッチャー大谷(2016年7月3日、ソフトバンク戦)。初球のスライダーをホームランですからね。投げたら8回まで0点に抑えて勝っちゃった。あり得ないですよ。リーグ優勝を決めた西武戦(16年9月28日)のピッチングなんかも、誰が来ても打てないだろうという感じだったし」

白井は作戦担当として「1番・ピッチャー大谷」をどう受け止めたのだろうか。

「監督はどこか壊れたんじゃないかと思いましたよ。あり得ないですよ。たとえば、大谷が三遊間に内野安打を打ったとします。一塁に全力疾走しました。ピッチャーの投球がワンバウンドになって、キャッチャーがブロッキングしました。盗塁のような形で二塁に行きました。セーフになりました。レフト前ヒットでホームにかえりました。スライディングしました。それで1回の裏、どうするんだろうと。1番じゃなくてもいいんじゃないかと。普通はそう思うじゃないですか。

でも、あの当時はホークスとの最大11・5ゲーム差をどうやってひっくり返そうかというなかで、ホークスにダメージを与えるにはリスクを背負って、それが成功しない限り追いつけないだろうと監督は考えた。そのインパクトを持つ選手は大谷しかいなかったので、監督はそれをやったわけですよ。

僕らからすればリスクが大きすぎるし、賛成か反対かと聞かれれば反対なんですけど、監督とは長く一緒にやってきたので、たぶんそういう意図があるんだろうと。それでいざやってみたら、我々が想像していた以上のことが起こるわけです。全力疾走どころか、歩いてホームにかえってきましたから（笑）」

クライマックスシリーズと日本シリーズでは大谷の起用法が注目を集めた。すべての試合にフルで使えるわけではない。実際、3勝2敗で頂点に王手をかけ臨んだ日本シリーズ第6戦。大谷は出番がないまま、チームは日本一の座に就いた。仮に第7戦にもつれ込んだ場合、万全の状態で先発マウンドに立たせるための温存だった。

「葛藤はありましたよ。日本一のバッターが打線にいないわけですから。でも、制約があるなかで、どうすれば大谷が最大限の力を発揮してくれるか。ファイターズは彼のメジャー挑戦を応援するというスタンスで獲得したわけだから、絶対に壊しちゃいけないんです。もっと使いたいと思っても、選手の将来を奪う権利は誰にもない。そのあたりは暗黙の了解というか、みんなが共通認識を持っていたということです。ファイターズも偉いし、かかわっていた人は立派だったと思います」

史上類を見ない監督

2017年の秋。大谷のメジャー行きと歩調を合わせるかのように、白井は4年間のコーチ職に終止符を打った。胸に迫ったのは達成感か。

「いや、僕たちがやったことというのはなにもないですから。たとえばチームの方針は全体に伝えるんですけど、それが自分のこととして落ちていかない選手がいっぱいいる。そうすると個別に伝えていかなきゃいけないんですけど、大谷は1を伝えれば10を知る選手。ホント、つまらないんです(笑)。

誰かが『俺が大谷を育てた』と言ったら、それは嘘。彼を育てたとしたなら、栗山監督やファイターズがそのチャンスをつくったというだけで、ただただ彼自身が目指すところに向かって一歩、一歩進んでいったというだけ。彼にとってなにが必要かと言えば、少なくとも僕たちが彼の手かせ足かせにならないこと。それが一番の役割なんですよ。まあ、大谷に限らず、ですけどね」

そして、白井は強調する。大谷の二刀流について語れるのは栗山監督だけだと。

「二刀流に関しては、栗山監督以外ではあり得なかったでしょうね。人を信じる力が強い。可能性を信じて、それを引き出し、伸ばすことが指導者の責任だと。そして、決してヨソのせいにしない。すべては自分の責任。監督は常にそういうスタンスなんですよ。大谷に限らず、ね。史上類を見ない監督でしょうね。あれだけ批判されて、普通の監督じゃできなかったと思いますよ」

大谷と過ごした4年間。白井は次のように総括する。

「メジャーのオープン戦で成績が悪かったですよね（2018年）。あれだけ成績が悪いと普通の選手だったら、自信を喪失して、落ち込みを選ぶわけですよ。でも、大谷は落ち込みを選ばなかった。自信喪失もしなかった。いま出ている結果を受け止めて、それに対してこれからどうすればうまくいくのか。すぐに切り替えができて、次に目がいく人なんです。過去に支配されずに、前に向かって考えることができる。

現実を分析するとネガティブになって、どんどん自信をなくして、だからダメなんだという選手が多いなかで、彼は現実を受け止めて、分析して、じゃあ次はどうやればいいんだろうという仮説を立てて、それを実行に移していく能力が高いんですよ。学ぶ力と、考える力と、実行する力が高い。身体能力が高いことと同じくらい、ほかの選手以上に学び、考え、実行する力が優れているなと。逆に言うと、彼はそこが一番優れているんじゃないかと。それが4年間で一番感じたことですね。

この人、プレーヤーとしては素晴らしいけど、引退したら人としてちゃんとやっていけるのか。そうならないように、なにかかかわれることがあるんじゃないかと思って、僕らは選手を見てしまうんですけど、大谷はそういうのがまったくない。もう、僕はただの大谷ファンですよ(笑)。指導者が選手のファンになるなんてめったにない。それだけ完璧だということ。身近な人がファンになっていく。そこが大谷のすごさだと思いますね」

（本文中敬称略）

しらい・かずゆき●1961年、香川県生まれ。野球解説者。84年、日本ハムに入団。二塁手。87年にベストナイン、ゴールデングラブ賞をダブル受賞。91年には最高出塁率のタイトルを獲得。545回守備機会連続無失策の二塁手としてのパ・リーグ記録を持つ。2014年シーズンから17年まで日本ハムの内野守備走塁コーチ兼作戦担当を務めた。

取材・文●市瀬英俊

才能以上に光る人間としての魅力と努力

黒木知宏（元日本ハム投手コーチ）

（2018年6月取材）

黒木知宏は2013年から5年間、日本ハムで投手コーチを務めた。その在任期間は大谷翔平が日本でプレーしていた時期とぴったり重なる。

「彼がどう思っているかわからないけれども、僕は感謝しかないですよ。日本にいた5年間、投手コーチとして間近で成長過程を見ることができた。同じ持ち場でずっと見続けたという人はほかにいませんから。僕にとっても大きな財産ですよ」

大谷と過ごした5年間をどう思っているのか尋ねると〝魂のエース〟と呼ばれた現役時代のピッチングさながら熱っぽく話し始めた。

初対面で二刀流成功が「見えた」

２００７年に現役を引退し、評論家をしていた黒木が日本ハムの投手コーチ就任を打診されたのは12年の秋。同じ年、大谷もドラフトで日本ハムから1位指名を受けた。

「僕がコーチになることが決まった時点で、大谷が日本ハムに入ってくるのかどうかはまだわからなかったんです。入団までいろんな経緯がありましたから、決まった時は、これはすごい逸材を相手にすることになったぞとプレッシャーを感じましたよね」

日本ハムはメジャー行きを希望していた大谷に二刀流での育成プランを提示し口説き落としていた。

「栗山（英樹）監督の殺し文句は『誰も歩いたことのない道を歩こう』だったんですが、誰も歩んだことのない道か……と考えちゃいましたよね（笑）。二つのポジションをやるということについて僕個人の考えや意見はありましたけど、日本ハムに入った時点で組織の人間ですから、チームが決めた方針に沿わなければならない。

ただ、すべてイエスマンなら僕がコーチをやる意味はないんでね。監督、コーチ陣とコミュニケーションを取りながら、なにがベストなのかを考えなくては。さて、どうするかなという感じで年を越したのを覚えてます」

　しかし、翌13年2月のキャンプインで大谷を初めて見たとき、さまざまな懸念は吹き飛んだと黒木は言う。

「『見えた』んですよ。最初に大谷をパッと見た瞬間に、コイツは15勝して、1点台の防御率出すんだろうな、野手でもホームラン20本打つだろうなってイメージが湧いた。やっぱり、なにかを成し遂げる選手は雰囲気を持ってますよね。栗山監督にも『見えた』んじゃないですか。だからこそドラフトで指名したんでしょうしね」

　大谷は投手としての実力も抜きんでていた。

「本当に160キロ投げられんのかなって思うじゃないですか。でも、一番最初にバッティングピッチャーをするときに、ケージの横でマウンドに上がる前に準備運動でキャッチボールするわけですよ。その時にボールを受けましたけど、びっくりしましたね。速さが違いました。新調したばかりのミットが5、6球受けただけで軟らかくなるような衝撃がありました。ああ、これはホントに投げるんだなと」

ただちに監督、コーチら首脳陣、チームスタッフの間で、大谷の二刀流成功に向けサポート体制が構築されていく。

「僕は投手コーチですから、ボールを投げることについて特化して見ていく。野手のほうに関しては守備、走塁、打撃、それぞれ専門のコーチが見ていく。さらにトレーニングコーチ、コンディショニングコーチ、あと、トレーナーさんたちがトレーニング内容や身体の状態を把握して、それらの情報を監督がすべて吸い上げたうえで、各コーチが共有する。意図してシステム化されたわけじゃないんだけれども、自然とそういう体制が出来上がってましたよね」

二刀流をサポートしていくうえで、とくに気を使ったのはどんなところなのだろうか。

「投手と野手、二つのポジションをやるということは、単純に2倍練習しなければならない。でも時間は限られているわけで、量を2倍やるんじゃなくて、質を2倍に高めるようにしていましたよね。ピッチングもブルペンに入って数を投げるんじゃなくて、強度は落とすけど質を上げていく。よく大谷がボールを壁に向かって投げたり、ネットに向かって投げたりしていたのもそういうことです。バッティングもやみくもに振り回すんじゃなくて、ティーバッティングを丁寧に振ったりね。練習のボリュームっていうのは一定の限度がありますから、投手と野手でどういう割合にするかにも気を使いましたね。野手の練習で負荷がかかってれば、投手のトレーニングとして走る量は減らしてもいいだろうとかね。そこは本人とも密にコミュニケーションを取って、各持ち場のコーチが状態を見極めて、トレーニング内容を考えてましたよね」

シーズン中の具体的な練習スケジュールは、どのように決められていたのか。

「まず登板日を決めて、その日に向けた投手としての準備をいつ、どれくらいやるか、逆算して決めていく。そして投げたあとのリカバリーの日を取る。それ以外で野手のトレーニングという感じですね。中6日だとリカバリーと野手のトレーニングが重なって、スケジュール的にちょっと窮屈。中7、8日が理想ですね。15、16年のように結果が出ているときは理想的な形で回っていましたよね」

超一流になるんだという強い意志

投手と野手では練習内容が異なるのはもちろんのこと、筋肉のつけ方など身体のつくり方にも違いがあり、トレーニング方法も異なってくる。大谷の身体つきに関して、黒木は投手コーチの立場から「これはヤバいかな」と思ったことがあったという。

「3年目のキャンプですね。身体が一回りどころか、別人のように大きくなっていた。ボテッと大きくなったんじゃなくて筋骨隆々でしたから、オフにしたトレーニングの賜物《たまもの》です。ただ、トレーニングの仕方が筋肉を連動させるものではなくて、パーツを大きくするほうにいっちゃってるのかなと。わかりやすく言うと、しなやかさがなくなっていた。少なくとも僕には打者の身体に見えました」

この前年の2014年、大谷は投手として11勝を挙げ、打者としても10本塁打を放ち、二刀流が軌道に乗り始めていた。だが、投手コーチである黒木としては打者としてのトレーニングが、ピッチングに与える悪影響を心配した。

「案の定、ピッチングを見たら、これはまずいなというバランスの悪さだったんです。140キロそこそこの投手ならそれほど問題ないと思うんですよ。でも彼は150キロ後半から160キロ投げる投手で出力が高い。大きなケガに繋がらなければいいなと思いましたよね」

しかし、そんな心配は取り越し苦労に終わる。3年目、15年の大谷は15勝、防御率2・24で最多勝、最優秀防御率のタイトルを獲得。投手としてさらにレベルアップしたのだった。

「そういう筋肉のつき方に、身体がなじんでいって、結局、調子が上がっていったということなんでしょう。いま思えば二つのポジションで超一流のレベルになるためには、打者的な身体の鍛え方をする時期をつくらなければならないということだったのかもしれません。成績はよかったのですから、結果オーライではありましたけど、ちゃんと気にかけて見ていたから、大きなケガに繋がらなかったとも言えると思いますすけどね」

黒木は大谷の二刀流成功の要因がどこにあると考えているのか。

「彼は単純に人より体力がありますよね。よく心技体というけども、野球選手で活躍するにはまず体力が大事。心も大事ですけど、体力がついてこなかったらレベルアップもないし、成功体験も得られない。二つのポジションの練習をこなして、大きなケガもなかったというのは、体力があったということに尽きると思いますよ。

あとは本人に強い意志があったこと。普通の選手なら体力的にも、精神的にも耐えられず途中で音を上げますよ。それが手を抜いたり、サボったりすることが一切、ありませんでしたから。練習に取り組む姿勢から投手でも、野手でも、超一流になるんだという強い意志を感じましたよね」

やはり、日本ハムというチームに入団したことが、二刀流成功にプラスに働いたのだろう。

「これはもう断言します。大谷はいいチームに入りました。日本ハムにはプレーヤーズファーストの文化がある。前例に縛られず、本人が投手と野手、両方やりたいというなら、全力でサポートしようじゃないかというチームの雰囲気があるんです。これがほかのチームだったら二つのポジションをするなんて認めてもらえなかったと思いますから」

みんなが「アイ・ラブ・ショウヘイ」

5年間、間近で大谷を見てきた黒木がベストパフォーマンスとして選ぶのは、2016年9月28日の対西武戦でのピッチングだ。この試合は日本ハムが残り2試合を残してマジック1とリーグ優勝の懸かった大一番。大谷は先発マウンドに上がり1安打15奪三振の完封と完璧な投球を見せた。

「圧倒的なピッチングってこういうものなんだろうなと思いましたよね。150キロ後半から160キロをコンスタントに出し続けて、バットに当たりもしない。この試合に勝たなければ優勝を逃すかもしれないという状況で、あれだけのすごいボールを投げ続ける。いまだから言えますけど、シーズンの終盤で身体にいろんな不具合も出ていたんですよ。そんななか、中6日でしっかり合わせて、あんなピッチングをしてしまう。西武ドームは外にブルペンがあるんで、ずっと見てましたけど、途中で感動して涙が出てきましたよ。大谷翔平のすごさというのを、もう本当に見せつけられましたよね」

節目となる試合で必ず結果を残す。大谷が「持っている」と言われる所以である。

「栗山監督もおっしゃっていましたけど、スーパースターというのは大舞台に導かれるんですよ。そしてそこで失敗をしない。全部、自分に引き寄せて、摑みとってしまう。大谷にはそういう資質がある。いいところを全部持っていっても、心から拍手を送りたくなるような人間としての魅力がありますよね。実力を鼻にかけたり、天狗になるようなところもない。だからコイツのためになんとかしてやりたいと、みんなが思う。それに対して彼も感謝の気持ちを持って、それをちゃんと示してくれる。だから誰からも愛される」

黒木は大谷のメジャーデビューに合わせてアメリカを訪問したが、大谷の愛されるキャラクターは海を渡っても変わらなかったと言う。

「開幕前に向こうのメディアの人たちと話したら、二つのポジションをやることについては否定的なことを言う。でも必ず、彼の人間性は素晴らしいので活躍してほしいとつけ加える。彼の練習に取り組む姿勢や、メジャーの野球になじもうとする努力を見たら、向こうの人も頑張ってほしいと思うんでしょう。いまやこれだけ活躍して、みんながアイ・ラブ・ショウヘイですよ（笑）。早くも全米中の心を摑んじゃいましたよね」

これこそが大谷の持って生まれた才能ということなのか。黒木は大谷がメジャーで躍動することを信じている。

「技術的には投手としても、野手としても、なんの問題もない。心配なのは疲労の蓄積と、それに連なるケガですよね。メジャーでは十何連戦とか普通にあって、移動もハードだし、時差もある。日本で経験していないことが、これから山のように出てくると思います。でもね、『誰も歩いたことのない道』を切り開いてきたのが大谷ですから。

野球に対する真摯な姿勢を失わなければ、越えられない山はないと思いますよ。向こうで彼と会ったとき、僕には『見えた』んです、メジャーで活躍する姿が（笑）。やってくれると信じています」

（本文中敬称略）


くろき・ともひろ●1973年、宮崎県生まれ。野球解説者。ドラフト2位で、95年にロッテに入団。「ジョニー」の愛称で呼ばれ、「魂のエース」と称された投球で小宮山悟とともにエースとして活躍。98年に最多勝、最高勝率のタイトルを獲得。２００７年引退。13年から17年までの５シーズン、日本ハムの投手コーチを務め、大谷を指導した。

取材・文●石川哲也

球場中を「大谷の空気で包む」という特異能力

大野奨太（元日本ハム捕手）　（2018年5月取材）

プロ入り後の大谷翔平のボールを最も受けた捕手は大野奨太になるだろう。2013年から5シーズン、コンビを組み、先発マスクをかぶった試合だけで62試合ある。15年にはともに最優秀バッテリー賞にも輝いた。大谷の進化の過程をミット越しに体感してきた貴重な存在だ。

大野がプロ入りしたのは大谷より4年早い09年。1年目から一軍でマスクをかぶり、当時、正捕手的存在だった鶴岡慎也との併用で、ダルビッシュ有、武田勝、武田久ら日本ハムの強力投手陣の球を受けてきた。11年には101試合に出場し、盗塁阻止率はリーグトップの3割2分3厘をマーク。リード面で経験を積み正捕手を視野に入れた時期に大谷が入団してきた。

「もちろん翔平のことは高校生の時から見てましたよ。160キロ投げるすごいヤツがいるなと。メジャー行きを希望してたんで、まさか一緒にやることになるとは思ってもみなかったですけどね」

日本ハム入りすることになった大谷に球団は二刀流による育成プランを示した。これについてはどう思っていたのだろう。

「ピッチングもバッティングも両方すごい選手は過去にもいましたけど、『二刀流』っていう形でそれを実際にプロ野球でやっていくということに、楽しみというか、第三者的な興味はありましたよね。ただ、実際に一緒にやっていく身としては、過去にほぼ例のないことですから、もし（主戦投手として）中心で回していくということになったら、どうやっていくんだろうっていう不安はありましたけどね」

変化球で広がった投球の幅

初めて大谷の球を受けたのは、２０１３年春のキャンプでのことだ。

「とにかく速かったですよ。変化球もよかったし、投手としての能力の高さを感じました。ただ、高校出たてで線が細くて体力はできていなかったし、技術的にも投手としてのうまさはまだなかった。可能性を秘めているというか、出来上がったらすごい投手になるなと思って見てました」

大野自身、13年は正捕手争いの真っただ中にあり、5月23日の大谷プロ初登板ではマスクをかぶることはなかった。初めてバッテリーを組んだのは6月26日のソフトバンク戦。６回を投げ、２本のホームランを浴びて自責点３、球速も１５３キロが最速と、いまひとつの内容だった。続いてバッテリーを組んだ7月30日のロッテ戦は4回を投げて自責点5。コンビを組み始めた当初は思うように結果が出せなかった。

「ストレートは１５０キロ以上出てますから十分速いし、威力もありました。ただこの頃は変化球が決まるときはきっちり決まるんですが、決まらないとまるっきりダメ。とてつもない暴投だったり、ワンバウンドを投げたりしていた。日によってぜんぜん出来が違ったし、善し悪しがはっきりしていたという印象があります。変化球が扱えるようになるまで時間がかかってましたよね」

しかし、そうした登板ごとのばらつきは、球を受けるたびに改善されていき、大野は試行錯誤しながら大谷の配球を確立していった。

「本人も真っすぐを投げたがっていたし、僕も翔平の配球の基本は真っすぐだと思ってやっていました。ただ真っすぐはスピードがあるんだけどバットに当てられやすかったんで、いかに変化球を効果的に使うか考えました。翔平とも確認し合いながら、その日のいいボール、そのイニングのいいボールを使って組み立てていった。見ている人は、翔平のいい時のイメージが強く印象に残っているから、いつも最高の状態のピッチングを求めるんですけど、身体の状態が万全で、真っすぐも変化球も抜群ということはそんなにない。完璧なピッチングも受けていて楽しいですけど、むしろ悪いときにこんな抑え方もあるんだということが勉強になりましたよね」

大谷は1年目の13年、投手として13試合に登板し3勝。大野は87試合に出場し、大谷とは先発で5試合バッテリーを組み1勝に終わった。だが、翌年以降、大谷―大野のコンビで目覚ましい活躍を見せるようになる。

「一番変わったのは変化球が決まるようになったことですよね。もともとスライダーはめちゃくちゃいい投手なんで、フォークを扱えるようになって空振りを取れるようになったのが大きかった。2年目は二桁（11勝）勝ちましたけど、ピッチングの幅が広がった要因は変化球の精度が上がったことだと思っています」

大谷は2年目の14年、11勝を挙げ、本塁打も10本放ち、二刀流を確立。大野も104試合に出場し正捕手の座を手中にし、大谷とは先発で21試合バッテリーを組み、10勝を挙げた。翌15年、3年目の大谷は15勝、防御率2・24で最多勝、最優秀防御率のタイトルを獲得。大野とは先発で13試合バッテリーを組み、8勝を挙げた。最優秀バッテリー賞を獲得したのはこのシーズンのことだ。大野はこの頃の大谷をどう見ていたのか。

「成績的にすごいと言うしかないし、練習に取り組む姿勢なんか、野球人として後輩ではあるけどもリスペクトできましたよね。翔平は進化が無限なんですよ。完成形がなくて、進化し続けてる。どこまで行くんだろうって思って見てました」

誰もが虜になる人間

２０１６年、４年目の大谷は投手として10勝、防御率１・86、打者としても打率３割２分２厘、22本塁打をマーク。投打ともに圧倒的な数字を残し、二刀流をやってのけ、日本ハムをリーグ優勝、日本一へと導いた。大野は大谷の進化の度合いが最も大きかったのは、このシーズンだと言う。

「入団以来、昨日より今日、今日より明日って感じで、徐々に徐々によくなっていくというのはありましたけど、投げることに関して一つ摑んだ、段階が上がったなと感じたのは、優勝したシーズンです。翔平はもともとの能力が高いから多少、調子が悪くても７～８割の力を出せれば抑えられちゃう。それがあの年は１００パーセントに近い力を出し切って、完璧に抑え込むような試合が何度もありましたから」

大野はこのシーズン、選手会長、キャプテンを務めながら、自己最多の１０８試合に出場し、堂々の正捕手としてチームの優勝に貢献した。オフに大谷とともに侍ジャパンのメンバーにも選ばれるなど、大野にとっても印象深いシーズンだった。大谷とは20試合に先発バッテリーを組み10勝を挙げているのだが、ベストゲームを選ぶとしたら、どの試合になるのだろうか。

「1番・投手で出て、先頭打者ホームラン打って、0点で抑えて勝っちゃったソフトバンク戦（7月3日、8回5安打10奪三振）なんか、二刀流という意味では本当にすごいなと思います。けど僕は捕手なんで、純粋に投手としての出来で選ぶとしたら交流戦の阪神戦（6月12日、7回3安打8奪三振）ですね。ストレートも、フォークも、スライダーも、持ち球すべてがきっちり来るんで、受けていて楽しかった。結果だけ見れば優勝を決めた試合（9月28日、対西武、9回1安打完封15奪三振）のほうがいいんですけど、球の質感という点ではあの試合のほうが上でしたね。常にベストを目指してリードしてきて、100パーセントに一番近かったのがあの試合。翔平の球を受けてきたなかで一番よかった」

いまだに語り草になるようなピッチングを連発し、チームを日本一へと押し上げた大谷。大野はその神懸かり的な活躍に大谷の特異な能力を感じたという。

「あれだけの活躍を目の当たりにすると、そういう星の下に生まれたヤツなのかなとやっぱり思いますよね。翔平は自分の空気の中で野球をやらせてしまう、そういう能力を持っている。相手チームだけでなくて、味方もお客さんも球場中が翔平の空気に包まれてしまう。とくに16年はそういう雰囲気が強かったですよね。

入団当初、二刀流について否定的な声がありましたけど、いつの間にか、みんなが見てみたいと思うようになったのもそういうことだと思います。もちろん結果を出したうえでのことですけど、そう思わせるような人間性や人格を翔平は持っている。野球ができて、人もよくて、誰もが虜になってしまう、そういう人間なんです」

バッテリーを組めたことが幸運

2017年、5年目の大谷はケガもあって5試合の登板で3勝。大野との先発バッテリーも3試合にとどまった。結果的に日本での最終登板となった10月4日、大谷は4番・投手で出場、先発マスクは大野がかぶった。

「翔平がメジャーに行くかもしれないということは薄々気づいていましたから、最後になるのかもなと思ってました。感慨みたいなものがなかったわけじゃないけど、翔平はいつも通りだったし(笑)、僕も球を受けられる喜びのほうが大きかったですね。これから翔平がどこまで進化するんだろうということを考えながら受けたって感じですかね」

この試合で大谷は9回2安打完封、10奪三振、打者としても1安打を放ち、有終の美を飾った。

「投げて、打って、勝ってっていう翔平の5年間の集大成ですよね。僕だけじゃなくて、本人も、守っている人間も、球場のファンも、テレビで見ていた人たちも、みんなが大谷の空気の中で野球をやっていた。そういう意味でも集大成と言える試合でした」

その年のオフ、大谷はポスティングでエンゼルスへ、大野もFAで中日へ移籍。5年間ともに歩んできたバッテリーは期せずして、同じタイミングで日本ハムを離れることになった。だが別々にプレーしていても大谷は気にかかる存在だという。

「野球ファンだったら、翔平のような規格外の選手が出てきたら、誰だって気にならないわけがないですよね。僕自身、一緒にやっていて、コイツすごいなって思っちゃう。すごいなって思っている時点で、もうファンですよね。いまも翔平の試合をテレビで見るのが楽しみですから。もう一ファンとして応援しているという感じですよね」

大谷の球を受けてきた5年間を改めて大野はどう感じているのだろうか。

「翔平の球を一番受けたのが僕なのかどうか考えたこともないし、よくわかりません。でも、もしそうなんだとしたら僕は運がよかったんだと思いますよ。どんなに努力しても、実力があっても、翔平のような歴史に名を残すような大投手の球を受けられない人のほうが多いわけですから。あんなすごい投手とバッテリーを組んで試合に出て、一緒に賞をもらって、優勝して日本一にもなった。捕手として、野球人として、幸運というほかないでしょう」

（本文中敬称略）

おおの・しょうた●1987年、岐阜県生まれ。捕手としてドラフト1位で2009年に日本ハム入団。11年、盗塁阻止率でパ・リーグ1位。13年には両リーグで盗塁阻止率1位を獲得。大谷の球を最も受けた捕手であり、15年には最優秀バッテリー賞を大谷とともに受賞。16年、ゴールデングラブ賞。ＦＡ権を行使し、18年から中日に移籍。

取材・文●石川哲也

第二章　覚醒——花巻東高校時代

いまできなくても、すぐにできるようになる男

大澤永貴（花巻東高校野球部ＯＢ）

（２０１８年５月取材）

トヨタ自動車東日本の瀟洒《しょうしゃ》な寮から、いかにも「スポーツマン」然とした若者が出てきた。

大谷翔平が花巻東にいた時代、キャプテンだった大澤永貴である。身長は高くないが、がっしりとした体格、ちょっとした身のこなしからも運動神経の塊なのがわかる。

大澤は花巻東を卒業後、筑波大学に進学、首都大学リーグで活躍したのち、岩手県北上市郊外にあるトヨタ自動車東日本の硬式野球部に入団した。プロとは違う野

球のエリートといっていい。考えてみれば大谷の父親も社会人野球の選手だった。なるほど、大澤のような父親に手ほどきを受けたとすれば大谷の才能も開花するだろう。そんな印象を与えてくれる大澤に花巻東時代の大谷について聞いた。

野球が好きで努力を惜しまない

「本当にでけえな」

それが大谷の第一印象だった。高校野球には「軟式組」と「シニア組」がいる。NHK朝ドラの『あまちゃん』の舞台となった岩手県久慈市の中学で軟式野球をしていた大澤は、同じ県内の一関リトルシニアで活躍していた大谷について「同学年のシニアにデカくて、すごい球を投げるヤツがいる」という噂しか知らなかったという。

それから3年。大澤は「いつも翔平には驚かされた」と言い、インタビュー中、「ホント、あんなヤツ、見たことない」という言葉を繰り返した。

最初に驚いたのは「実力」である。大澤が花巻東に入部した2010年は「黄金世代」と呼ばれるほど選手の粒が揃っていた。これは前年（２００９年）、甲子園決勝までいった菊池雄星（西武）の活躍で有望選手がこぞって集まってきたからだ。少数精鋭の花巻東は1学年30人まで選抜されている。そのなかでも大谷はずばぬけていたという。それどころか大澤の目には、3年を含めても「入部した時点でチームの上位だったと思う」と語る。

事実、大谷は1年の春から一軍を意味するAチームに合流、「だいたい、8番・ライト」で練習試合に出場するようになっていた。

「それだけでもすごいんですが、翔平の本当のすごさは成長力です。実は1年の時は、いまにして思えば、そうでもないんです。そこから、ものすごく伸びていった」

1年の時点で大谷は身体も細く、ひょろっとしていた。「寮の風呂で裸を見ていますが、そこまで筋肉はなかった」。そのためか、打撃もヒットはよく打つが飛距離は出ず、球は速いが、下半身が弱いのか、コントロールはよくなかった。

そんなひょろっとした大谷は、高校3年間を通じて破竹の勢いで成長していった。それを支えていたのが大谷の野球への情熱だ。

「翔平はグラウンドの外での努力が、とにかくすごかった。あれほど野球が好きで、あんなに努力を惜しまないヤツは見たことがなかった」

寮では野球の「研究」に没頭

花巻東の野球部は全寮制だ。基本、テレビが禁止のために同級生の部屋に集まって高校生らしい会話を息抜きとするのが普通だろう。

大谷は違っていた。寮で黙々と野球の「研究」に勤《いそ》しんでいたというのだ。

「いまは禁止になったようですが、僕らの代の時は、パソコンは寮に持ち込めたんですよ。それで翔平はユーチューブでプロ野球、とくにメジャーのダイジェストをコレクションしていました。ホームランなどのいいシーンを繰り返し見直しながら、『流し打ちのときは、足をこう動かすのか』といった感じで、きちんとノートにまとめていく。野球に関する書籍、とくに野球理論は専門誌とかを買って、それも自分なりに研究していましたね」

大澤によれば、大谷は「東大に一発合格できるほど頭がよかった」という。事実、厳しい練習をしながら成績は抜群によかった。その明晰《めいせき》な頭脳で一心不乱にベースボールの研究を行うのだ。しかも、野球とは関係のなさそうな心理学や栄養学まで手を広げ、多角的に野球とアスリートを捉え、成長の糧《かて》にしようとしていた。その貪欲なまでの知識欲と、その知識を生かした修正力こそ、「翔平の本当のすごさです」と大澤は言い切る。

実際、大谷は「それまでできなかったこと」が、「いつの間にかできるようになる」。それをチームメイトとして何度も見てきた。

「とにかく野球に関する引き出しが多い。ありとあらゆる野球の知識が詰まっているのかと思えるほど」らしく、大澤自身、調子を落とすと、いまでもメールで大谷に相談。「的確なアドバイスがもらえます。ドラえもんみたいなヤツなんです」と笑う。

大谷の修正力を物語るのが、2年生時のケガであろう。大谷は2年で出場した夏の甲子園の帝京戦で150キロを出したあと股関節のケガをして、ほぼ半年、投げ込みができなくなった。その時、ゆっくり休ませるために佐々木洋監督は、1年生の部屋に専用の大谷部屋をつくり、「隔離」をした。

本来なら、ここで調子を落としてもおかしくない。ところがケガから回復すると大谷は技術的に成長していた。

「打撃でいえば、ケガ明けから急に飛距離が出るようになった。ぽんぽんとホームランを打つんですよ。投げるほうもコントロール、とくに変化球の切れが増していた。普通、あり得ないですよね」

その理由を「休んだ結果だ」と大澤は見ている。

「おそらくですが休んでいる間、イメージトレーニングをしていたんだと思います。翔平はいろんな知識を詰め込んでいる。その知識を身体に染みこませて、実際に使えるようにしたんじゃないか、と」

ケガで休んでも実力を伸ばしてしまう。「グラウンド外もすごい」という大澤の言葉に偽りはない。ここに不可能とされたプロでの二刀流を易々《やすやす》とこなした大谷の本質がある。

そんな大谷の姿を知っているだけに、日本ハム時代、そしてメジャーに入団した現在でもまったく心配はしなかった。

「いまできなくても、すぐにできるようになる。そういう男なんで心配しても無駄です。日本ハム時代、二刀流で騒がれましたが、『もっとできるだろう』と思っていたぐらいです」

プロ入り後に会った際、身体が一回りも二回りも大きくなっていた。その身体づくりも球団任せではなく、大谷自身の研究成果だろうと大澤は言う。高校野球、プロ、メジャーと、舞台に合わせて研究内容も広げ対応していく。「野球学者」ともいうべき知識、それを支える「頭脳」が大谷最大の武器ではないか、と元キャプテンらしく分析する。

そういえば、と苦笑いして、こんなエピソードを教えてくれた。

大澤は筑波大に進学したように野球部でも勉強はできるほうだった。それで「一度、翔平を負かしてやろう」と勉強で挑んだというのだ。

「日本史は佐々木監督の教師としての担当教科で、野球部は『強制的に（笑）』選択します。勉強の甲斐あって90点を取ったんですが、翔平は普通に98点とかなんですよ」

こいつには勝てないな。改めて、そう実感した出来事だった。

バッターとして怖いのは三遊間への強い打球

「こんなヤツ、見たことがない」

この言葉を最初に実感したのは、大谷の性格だった。

軟式出身の大澤は、花巻東では「雑草」の一人だった。さほど強くない中学の野球部にいながら佐々木監督に誘われて花巻東の野球部に越境入部した。軟式出身ゆえに当然、高校野球では出遅れる。中学時代からシニアで全国区、名門・花巻東で1年からレギュラーになった大谷に複雑な感情を持ったとしても不思議はない。

——ライバル心はなかったのか。

そう質問すると、即座に否定した。

大谷のようなポジションならば天狗になったり、増長したりしていてもおかしくはない。ところが、大谷は、すこぶる「いいヤツ」だったという。

「一度も上からの物言いをされたことはないです。いつも自然なんですよ」

明るくて気さくな大谷は、すぐにチームにも同期ともなじんだ。

「親友？　いや、一番、仲が良かったわけじゃないですが、まあ、チームではいい関係でした。ライバル？　ハハハ、そんな感じではありません。自分と比べて、どうこうというのを超越しちゃって。ああ、きっとすごい選手と一緒に野球やってんだろうな、いま……。そんな感じでしたね」

なにより大谷の存在は大きかった。チームに大谷がいる。その意味を大澤はキャプテンとして痛感する。それは「大谷翔平」という飛び抜けた選手がチームを強くするのではなかった。大谷翔平という「存在」がチームを強くしてしまう。一番上にいながら、なぜか一番下から押し上げてくるというのだ。

「たしかに翔平はリーダータイプじゃない。人を引っ張る性格ではないんです。かといって我関せずと一人で黙々と練習する感じでもない。本当に自然とチームを巻き込むんですよ。僕らも別格なのは理解しています。そんな翔平が一番、野球に熱心で努力しまくる。とにかく現状に満足せず、向上心の塊のような感じで、もっと、もっと練習すれば、『あーあ、翔平がまた始めたよ。しゃあねえなあ』と、やるしかなくなるじゃないですか(笑)。で、自然とチームが強くなっている。練習もやらされているんじゃなくて、なんか、普通にガンガンやっちゃうんですよ、翔平がいると。きっと日本ハムでもそうだったでしょうし、いまのエンゼルスもそうなっているんじゃないですかね」

花巻東の佐々木監督は「翔平については、とくに厳しく接していた」という。それは周囲にもてはやされ、勘違いしないようにするために、あえて厳しくしていたという。

「それでもミーティングになると、つい、『大谷を見習え』『大谷のように努力しろ』と、褒めてしまうみたいで。もちろん翔平が増長することもないし、チーム内でのやっかみや勘違いする選手はいませんでした。ホント、いいチームだったんです」

そんな大谷から影響を受けて大澤は、軟式出身ながら1年の夏にはAチーム入り、秋からはレギュラーとなった。守備と走塁が持ち味の「1番・ショート」。不動のリードオフマンへと成長した。花巻東のキャプテンになった大澤に「敵として見た大谷はどうか」と聞くと、苦笑いしながら「怖いです」とこぼす。

「投げるほうは、速いこと以上に僕らはコントロールがよくないのを見ているんで、打者で対戦すると、マジで怖いんですよ。２０１２年の選抜の大阪桐蔭戦で藤浪（晋太郎）さんと対戦したとき、ああ、これが完成された超高校級の投手か、と思ったぐらい。あの時点では投手の完成度は藤浪さんが圧倒的に上でした。逆に言えば翔平は、まだ全然、完成していなかった。こいつ、もっとすごくなるのか、と改めて思ったほどです」

バッターとして「怖い」のは、「三遊間に強い打球を打ってくるんですよ」と、シヨートらしい感想を述べる。

「普通、左（打者）が三遊間に打つのは、流し打ちになる。ところが翔平の場合、引っ張ったかのような強い打球を飛ばしてくる。右打者なら対応できるんですが、左打者だけに一瞬、『あれ？』となる。こっちに強い球が来ると頭ではわかっていても、実際に守っていると動けないんです。すげえ、怖いんですよ、あの打球」

震災でなくなった県外での遠征試合

これだけの逸材がいて、チームは「黄金世代」と呼ばれるほど粒揃い。誰もが大谷の影響で練習熱心。チームの雰囲気もいい。本来ならば大谷の代は、2009年の菊池雄星の代以上の活躍ができる力を持っていた。

しかし、現実には甲子園は2年の夏と3年の春のみ。対戦相手が帝京、大阪桐蔭という強豪だったとはいえ、いずれも1回戦で敗退。最後の夏も県大会決勝で盛岡大附属に敗れた。キャプテンだった大澤は「残念です」としか言わなかったが、勝ちきれなかった理由ははっきりしている。

――3・11である。

内陸部の花巻市は、倒壊や地滑りといった被害はあったが、津波に被災した沿岸部より被害は小さかった。高校も被害は軽微で、授業も程なく再開されていた。

しかし、「野球部」は違った。県内から有望選手が集まる以上、当然、家族や親戚に犠牲者や実家が被災した選手も出てくる。なにより、活動費が捻出できなくなった。

大澤によれば、花巻東は年間100試合前後をこなすが、被災によって県外での試合が減り、遠征試合がすべてなくなったという。強豪校との対戦が減れば経験値の上積みは望めなくなる。震災半年後の夏の甲子園もほとんど準備できず、試合に挑むしかなかった。同様に12年春の選抜も通常ならば、雪の増える冬場、甲子園対策として遠征をこなすところが、これも中止となった。明らかに準備不足であったのだ。震災がなければ、甲子園で「花巻東旋風」「大谷翔平フィーバー」を巻き起こしていた可能性もあっただろう。

だからこそ大谷は自らの存在を「輝かせた」のではないか。

「震災のあと、実家が被災した正捕手が退部しそうになったんですよ。監督がなんとか話をまとめて部を続けることができましたが、もし、正捕手が退部していたら……」

名門野球部には遠征費の負担がある。実家が被災すれば、それを捻出できなくなる。あれだけの大震災なのだ。誰もが被害を受けている。一人だけ特例を認めるわけにはいかない。それでも正捕手を救済できたのは、「大谷翔平」の存在があったからだろう。大谷の全力投球をキャッチできる捕手は少ない以上、関係者に救済案は通りやすくなる。部の活動費にせよ、やはり大谷の存在があるかないかで変わったはずだ。

11年夏の甲子園の時、「翔平はまだケガから回復せず、本当は投げられるような状態じゃなかった」というが、それでも150キロを出した。被災した苦しい状況で部を支援してくれた人への大谷なりの返答であったのだろう。

同様に「160キロ」を出した12年夏の県予選準決勝（一関学院戦）にせよ、震災で沈んだ岩手へのエールであったのかもしれない。ショートとして、その場にいた大澤も、その時の様子をこう語る。

「（一関学院戦では）鳥肌が立ちましたよ。150キロを連発し出してから、球場が1球投げるごとにざわつくんです。投げるたびに、どんどん盛り上がるなかで、160キロを出した。最後は観客全員が立ち上がって球場全体が揺れるほどの声援が響いていました。あの瞬間、グラウンドにいた選手は、みんな一生覚えているんじゃないですか。そのくらい感動的でした」

結局、盛岡大附属との決勝は雨で順延、震災復興のプロ野球オールスター戦が岩手で組まれた関係で、1週間決勝が延びた。「水入り」せずに、あの勢いのまま決勝で盛岡大附属と戦っていれば3度目の甲子園もあったかもしれない。ただ、大澤は「盛岡大附属は、あの大谷の球を真っ向勝負で打とうと相当、鍛えていました」と勝った相手をたたえる。

「残念ながら僕らの代は、そこまで活躍できなかった。ですが、それでも頑張れたのは翔平のおかげです。いつも明るく前向きな翔平がいるから、沈みがちだった震災後もチームは前に向けて努力できた。あの時、やれるだけのことはしましたし、後悔はありません。翔平がいると、自然と『道』ができるんです。自分たちが進むべき『道』を見せてくれる。だから僕たちは前を向いて歩いていけた。翔平は同級生でチームメイトですが、一人の人間として尊敬しています。彼と出会えて感謝していますし、彼と過ごした高校3年間は一生の宝物です。本人には言えないですけど(笑)」

大澤は、社会人野球を引退した後、高校野球の指導者への道を進む予定だという。

この道もまた、大谷との出会いがもたらしたものだ。世間ではスーパースターのようにもてはやされる大谷が、どれだけ情熱を持って努力してきたのか。その「たゆまぬ努力」と「たゆまぬ情熱」を大澤は指導者となって選手たちに伝えたい。その思いが指導者育成に定評のある筑波大学への進学となり、そこで体育の教員免許を取得する動機となった。

いつか、翔平のような「心」を持つ選手を育てたい、と——。

（本文中敬称略）

おおさわ・えいき●1994年、岩手県生まれ。小学2年生からスポーツ少年団で軟式野球を始める。県内の強豪・花巻東高校から誘われて大谷翔平とともに野球部に入部、キャプテンとしてチームを率いた。2年生からは大谷と同じクラスで親友でもあった。筑波大学に進学、首都大学リーグで活躍後、トヨタ自動車東日本硬式野球部に入団した。

取材・文●西本頑司

死球を出しても、まったく弱気になることがない

佐々木大樹（花巻東高校野球部ＯＢ）

（２０１８年５月取材）

佐々木大樹が2歳下の大谷翔平と出会ったのは、二人がまだ小学校に入る前のことだった。

「ウチの母親と翔平の母親がママさんバドミントンみたいなものをやってたんです。それで幼稚園の頃、母親と一緒に体育館に行って、子供たち同士で遊ぶようになったのが最初ですね」

佐々木家と大谷家は車で15分ほど。学区は異なっていたが、互いに家と家を行き来する関係になった。佐々木は大谷のことを「しょうちゃん」、大谷は佐々木のこ

とを「だいきくん」と呼んだ。

「家に行っても、ゲームはやらなかったですね。公園でサッカーをしたり、缶蹴りをやったり。翔平はサッカーもうまかったですよ。足も速かったので。翔平は活発でしたね。やんちゃで、いたずら好き」

遊び仲間のなかで、大谷は最年少の弟分。しかし、体格は当時からアニキたちと比べても遜色なく、また負けず嫌いぶりは際立っていたと佐々木は回想する。

「翔平は勝ちにこだわるというか。1歳上の友達とケンカもしてました。缶蹴りでタッチしたとか、してないとか。いまにして思えばたいしたことじゃないんですけど(笑)、取っ組み合いのケンカになったので、自分も含めて周りの人間で止めに入ったのを覚えています。翔平が泣く？　それはなかったですね」

しょうちゃんとだいきくんの物語。その第2章の舞台は水沢リトルだった。小学2年でチームに加入した佐々木が5年生になったとき、3年生の大谷が目の前に現れた。

「その頃から翔平は普通にうまかったですよ。キャッチボールも3年生にしてはしっかりできていましたし。一緒にプレーしたのはそこからの2年間。自分は正捕手だったので、翔平のボールもよく受けましたね。翔平はピッチャーとライトの兼任で、ピッチャーとしては3、4番手。対戦相手があまり強くないときには試合で投げることがありました。ただ、当時から球は速かったんですが、コントロールが悪くて、試合になるとストライクが入らない。高めに抜ける感じで、バッターの右・左にかかわらず四球が多かったですね」

だが、どんなに四球を出しても、どれほどランナーを背負っても、大谷が萎縮することはなかったと佐々木は強調する。

「それでも腕を振って思い切り投げていた。ストライクを入れようという気持ちがこちらに伝わらないぐらい腕を振っていました（笑）。まったく弱気になることがない。あれはすごいなあと思います。監督も四球のことをあれこれ言わなかった。ただ、投球フォームについては指導を受けてましたね。『しっかり軸足に乗って投げろ』と。フォームのバランスが悪くて、体が開く感じがすごくありました」

ピッチングよりも目を引いたのはバッティングだった。水沢リトルのグラウンドは河川敷にあった。ライト後方には、奥羽山脈を源とする胆沢《いさわ》川が流れていた。佐々木によれば、ホームベースから川までは100メートルほどの距離があったというが——。

「打撃練習で川までボールを飛ばすんですよ、翔平は。ほかの選手はそこまで飛ばないです。自分は右打ちですけど、左打ちだったとしても無理ですね。そういう意味では、翔平のバッティングは3年生の時からすごかった。ウチのチームはあまりお金がなかったんです。でも、ポンポン川に打ち込むので、監督や事務局の人が翔平に『引っ張るな。レフトに打て!』と(笑)。柔らかいバッティングは昔もいまも変わらないです」

右バッターへの死球が多かったシニア時代

佐々木は小学6年まで水沢リトルでプレーしたが、大谷とともに全国へのキップを摑むことはできなかった。

「最後は東北大会の2回戦ぐらいで負けました。自分は5番。翔平はライトを守って、打順は7番ぐらいでしたね」

それから3年後の2007年。中学1年となった大谷はエースとして全日本選手権のマウンドに立った。だが、勝利は得られず。1回戦で涙をのんだ。

物語の第3章、舞台は一関リトルシニアへと変わる。

「硬式で本格的にやるとしたら一関シニアしかなかったんですけど、チームは強くはなかったです。翔平は中学1年で入ってきて、当時は3番手ピッチャー。自分は背番号1で、ピッチャーとキャッチャー半々ぐらいで試合に出てました。自分が投げるとき、翔平はショートを守ってましたね」

大谷の登板時には、当然のことながら佐々木がマスクをかぶった。

「身長もかなり伸びてましたし手足も長い。角度のあるボールを投げてましたね」

ちなみに前述の全日本選手権出場時の公式データでは身長168センチ、体重46キロとなっている。ただし、身体的な成長ほどには制球力は伸びていなかった。

「コントロールですか？　以前ほどではなかったですけど、まだ悪かったですね。相変わらず高めに抜けてました。リードで心がけていたのは、翔平を気持ちよく投げさせること。三振か四球か、という感じだったので、とりあえずミットを真ん中に構えて『思い切り投げろ！』と。翔平はノッてくるとテンポがよくなるんです。逆に調子が悪いときは間が長くなる。ゆっくりプレートに入っていく。フォームのことを監督に言われていたので、翔平自身もいろいろ考えながら投げていたと思います」

リリースに向けて右腕が縦ぶりになるか、それとも横ぶりになるか。目指すべきは前者なのだが。

「縦ぶりのときはいい球が来るんですけど、横ぶりになるとシュート回転になってボールが抜けてしまう。右バッターへの死球が多かったですね」

しかし、ここでも大谷は萎縮しない。

「死球によって右腕が縮こまる、ということはなかったですね。当てても関係ない、みたいな（笑）。外角のストレートがパンと決まったら、絶対に打たれなかったですね。10球に1球ぐらいだったですけど（笑）。高めも球に力があるので振ってくれました。三振を取りたい場面の配球ですか？　右バッターだとしたら、真っすぐで追い込んで、最後はスライダーで終わり。変化球もすごかったですよ。リトルの時はカーブだけでしたけど、シニアではスライダーとカーブの2種類。とくにスライダーのキレがすごかったですね。軌道はナナメで、バッターの手もとで落ちる感じ。ただ、そのスライダーでカウントを稼ぐことができなかった。曲がりすぎてた分、制御できなかったんだと思います。カーブはストライクを取れたんですけどね。翔平はピンチじゃないときによく打たれてましたね。逆にピンチになると球の勢いも質も違ってくるというか」

野球のことしか考えていなかった

中学3年の佐々木と中学1年の大谷、一関リトルシニアでの全国への挑戦は東北大会のベスト8で幕を閉じた。だが、2年後の2009年3月。最上級生となった大谷は主将兼エースとして第15回日本リトルシニア全国選抜野球大会への出場を果たす（初戦敗退）。

開催地は大阪。ちょうど甲子園のセンバツ大会と時期が重なっていたこともあり、出場校の練習を見学する機会に恵まれた。

その高校が同じ岩手の花巻東。エースは新3年生の菊池雄星。そして、背番号14で甲子園のベンチに入ったのが新2年の佐々木だった。

「自分が中3の夏に花巻東が甲子園に出たんです。それでココなら甲子園に行けるだろうと思って、花巻東に進学しました。2年になった頃はレフトやサードを守っていましたが、キャッチャーとしても2番手だったので、菊池さんの球もよく受けましたよ。最初は速すぎて捕れなかったですね。普通にスルーです(笑)。148キロとか出てましたからね。角度もすごいし、左バッターの外角真っすぐとか簡単にミットを流されてました。鉄球がバーンと飛んでくる感じですかね。重いし、勢いもある。球種は真っすぐとカーブ、スライダー、フォーク。でも、決め球は真っすぐかスライダーで十分でした」

09年の花巻東はセンバツ準優勝。夏の甲子園でもベスト4。快進撃の原動力となった超高校級左腕に大谷は憧れを抱いた。一方で、シニアでも全国のマウンドを経験した大谷のもとには、いくつかの高校から勧誘の声がかかった。

進路を決めかねていた時期、大谷は先輩だった佐々木に電話で相談してきたという。

「全国からオファーが来たらしいんですけど、最終的には花巻東と仙台育英で悩んでましたね。それで『花巻東はどうですか？』と。自分としては、印象をそのまま話しました。『野球以外の部分でも人間的に成長できる。社会で通用する人間になれるよ』と。挨拶、礼儀、目上の人への接し方……。勉強では学べないことを学んできましたから。学校での授業態度が悪いと試合に出られないですし。大谷の反応ですか？　『ああ、なるほど』と（笑）。自分が高校に入ってからはなかなか会う機会がなかったんですが、練習見学に来たときに見たら、またどんどん体が大きくなってましたね。高1で入ってきたときにはもう190センチ近くあったと思います」

こうして二人の物語は第4章を迎えた。ただし、両者の関係性は微妙に変化していた。

「高校では呼び方が『だいきくん』から『だいきさん』に変わったんです。驚きましたね、翔平も敬語を使うようになったんだと（笑）」

大谷ら新入生が加わったことで、花巻東は部員数110人の大所帯に。そのうち80～90人ほどが寮生活を送っていた。部屋割りは上級生と下級生のコンビによる二人1組が基本。大谷は主将でもある佐々木と同室になった。

「監督が部屋割りを決めるんですが、翔平について言えば、佐々木と一緒だったらやりやすいだろうということだったと思います。二人で野球の技術的な話をよくしました。翔平はいろんな本を読んだり、ケータイでいろいろ調べたりして、当時はダルビッシュ有投手のフォームをマネしてました。具体的には〝立ち構え〟とか、投げたときのグラブの位置とか。バッターでは？　高橋由伸選手のフォームをマネしてましたね。ホント、翔平は野球のことしか考えていなかったと思います。翔平の趣味ですか？　お笑い系のDVDは見てましたね。『アメトーーク！』とか（笑）」

「誰もやってないことをやれ」

1年春の大谷。打線では4番を任された。佐々木は3番だった。

「打撃練習ではうまくミートして、逆方向にも飛ばしていく。ライトの奥は駐車場になっていて、野球部の練習があるときは止めている車を移動させるんですけど、翔平は1年の時からそこまで飛ばしてました。距離は130メートルぐらいだと思います。いきなり4番で出るようになったので、試合に出られない2、3年生には『翔平に余計な気を使わせないようにしよう』と言いました。逆に翔平には『試合に出られない先輩の分も全力でやれ』と言いました。素直に受け止めてくれたと思っています」

甲子園出場メンバーが残るチームにおいても、大谷の才能は突出していた。とはいえ、発展途上。佐々木によれば当時の体重は70キロほど。線の細さは否めなかった。また、ピッチングの課題も解消されてはいなかった。

「変化球の制球はよくなっていました。スライダーでもチェンジアップでもストライクが取れるようになっていましたから。ただ、高校でも調子が悪くなると横ぶりになってしまう。キャッチャーから見て背番号が見えるときがあるんですが、そうなると〝左肩が入って〟、横ぶりになって球が抜ける。調子がいいときは自然に縦ぶりになっていたんですが、力が入るとどうしても肩が入ってくる。監督も気になっていて、どうすればいいか、いろいろ話し合いましたけど、夏の時点では課題は持ち越しでした」

2010年の夏。花巻東は岩手大会の4回戦で散った。大谷は主に「4番・ライト」で出場し、登板機会は4回戦のリリーフのみだった。背景には、骨が成長段階にあることを踏まえてプレーヤーとしてもゆっくり成長させる、との佐々木洋監督の判断もあった。

だいきさんの左手には、未完の大谷が投じた真っすぐの感触が残っている。

「当時の球速は142、143キロぐらいだったと思います。球筋もきれいだったんですが、菊池さんのような鉄球がバーンという感じではなかった。でも、〝食トレ〟で体重も増えていきましたし、ウエイトや肩の可動域を広げるトレーニングをしっかりやることで、3年の夏には160キロを出した。翔平は1年の時から『160キロを出したい！』と言ってましたし、監督からも『誰もやってないことをやれ』と言われてましたね」

花巻東を卒業した佐々木は東海大に進んだ。160キロの映像はのちに確認した。

文句なしの縦ぶりだった。

現在は社会人野球の室蘭シャークスでプレーをする佐々木。チームとしては都市対抗出場を目指している。

「翔平の活躍は刺激になりますね。遠くに行ってしまった? それはすごく思います。連絡を取るのも気を使うというか。翔平はそういうつもりはないと思うんですけど(笑)。去年の暮れに地元に戻ったときはすれ違いで会えなかったんですが、いずれ機会があれば、また翔平のボールを受けてみたいですね。160キロはまだ受けたことがないので」

二人の物語は、これから先も章を重ねていく。

(本文中敬称略)

ささき・だいき●1992年、岩手県生まれ。2歳年上の大谷の幼なじみ。小学2年時に水沢リトルで本格的に野球を始め、その後は一関リトルシニアを経て、花巻東高校に進学。2年の春と夏には甲子園大会に出場した。卒業後は東海大に進み、4年時には第63回全日本大学野球選手権大会の優勝メンバーとなる。現在は社会人野球の日本製鉄室蘭シャークスでプレー。ポジションは捕手。

取材・文●市瀬英俊

第三章　圧倒——ライバルたちの証言

いままで甲子園で戦った投手でナンバーワン

（2018年6月取材）

西谷浩一（大阪桐蔭高校野球部監督）

「いやあ、試験官、やっていまして」

チャイムが鳴りやんで、しばらくすると日に焼けた男性が応接室に入ってきた。

この日、大阪桐蔭高校は一学期の中間テストの最中だった。

高校野球界の名将も普段は社会科の教師の顔を持つ。実は西谷浩一も名門野球部では減りつつある教師兼任の「二刀流」監督なのである。

エースで4番は部活レベルならいまでも珍しくはない。監督も同様だろう。しかし、世界最高レベルといわれる日本の高校球界で頂点を目指すならば、野手と投手に分かれて専門的な練習メニューをこなす必要が出ている。指導する監督にもフルタイムで対応しなければならない。選手も監督も「専業」がいまのトレンドであろう。

その意味で西谷は大谷翔平の二刀流の難しさをよく理解している。監督だけでなく教師であり続けるのは、選手を「生徒」として全員の進路まで面倒を見るためだという。大阪桐蔭野球部は、この西谷の意向に理解を示し、1学年20名に絞っている。屈指の強豪校でありながら規模は意外に小さい。それが教師兼任で部員全員に目が届く限界なのだという。

兼業監督という二刀流、いや、二足のわらじが、大谷翔平と激突した2012年春のセンバツ大会で大きくのしかかる。

西谷浩一は、あの「伝説の一戦」の内幕を余すことなく語りだした。

まったくなかった大谷のデータ

「よくマスコミは、私のことを全国各地でスカウトしているみたいなこと言いますけど、学校の授業もありますし、そんな時間はないのが正直なところです。大谷くんにしても試合が決まるまで、知っていたのは高校野球のファンレベルですよ。高2の夏の甲子園で150キロを投げた帝京戦をテレビかなんかのニュースをたまたま見て、『ああ、この子が噂の』といった程度でした」

大谷はシニア時代から全国レベルの選手だった。しかし、大阪の名門高校野球部の監督は地元に優れた選手が多いこともあって、基本、全国すべての選手を見ているわけではない。西谷も他県の選手を本気でスカウトしたのは「(広島出身の)中田翔ぐらい」という。

「シニア時代の大谷くんの情報はなく、高校入学後、雑誌などですごい投手がいると聞いていたくらいでした」

それがなんの因果か、1回戦で当たることになった。地元大阪の強豪校と、甲子園のスターとなり得るポテンシャルを持った大谷翔平が初戦で激突するのだ。しかも、両校ともエースは超高校級の大型投手。大会屈指の好カードとして世間は大いに盛り上がった。

しかし、西谷は頭を抱えてうなっていた。大谷のデータがまったくなかったためである。

「焦りましたよ。映像であったのは、それこそ夏の帝京戦（2011年）だけという状態なんですから」

夏の大会後、故障をした大谷は、秋季大会に出ていなかった。

「県大会、東北大会の映像は入手しましたが、大谷くんは出ていない。投げる姿も、打つ姿も、まったく情報がない状態でした」

甲子園出場が決まり、大阪入りしたあと、東洋大姫路、平安高校、報徳学園と練習試合をしたことだけがわかったという。

「これも球場を借りての試合ではなく、対戦高校のグラウンドでの練習試合。ビデオを回すのはマナー違反になるので、当然、映像は残っていなかった」

一方、その試合を見た人から聞こえてくるのは「大谷絶好調」という絶賛の嵐である。「真っすぐが速い」のみならず「変化球も一級品。スライダーもいいが、落ちる球もすごい！」、さらに「性格もきちんとしていて間違いなく大物になる」。ケガからも復調して、スケールアップしているようだった。

「ただ、球が速いだけで性格がカッカしやすいなら、その性格を突くこともできます。メンタルが強く、スライダーやフォークまでいいとなれば、狙い球も絞れない。映像はないわ、対策はないわ……。あの時は、ホンマ、めちゃくちゃ困りましたよ」

対抗策は「心を折られないこと」

もう一つの悩みが自分のチームだった。のちにプロ入りした藤浪晋太郎（阪神）や森友哉（西武）を擁して春夏連覇を達成して歴代最強と名高い「12年チーム」だが、この時点ではポテンシャルはあっても未完成と西谷は考えていた。

「秋季大会（近畿地区大会）もベスト4なら選抜は確定なんですが、このチームはベスト8止まり。選抜は運よく選ばれたにすぎなかった。噂通り、大谷くんが完全復調していた場合、なかなか打てないだろうな、と」

唯一の映像資料である帝京戦を見るだけで大谷のポテンシャルの高さがわかる。ケガから復調して、どこまで成長しているのか、その肝心のデータがないのだ。自分のチームもまだ粗さがあり、真っ向からぶつかって打ち崩すことは難しい。西谷が悩むのも無理はあるまい。

そこでふっと藤浪のことを考えた。

世間では「超高校級の大型投手」と同じタイプのように扱われているが、西谷から見れば選手のタイプは正反対だった。

「大谷くんは対戦して思いましたが、この世代というか、私がいままで見たすべての選手のなかでも間違いなくナンバーワン。才能、センス、体格、身体能力、どれもずばぬけていた。もちろん、藤浪より上です。むしろ、藤浪は大谷くんのような天才肌ではなく、できないことを練習で必死に埋めていく努力型の選手。その意味で藤浪が大谷くんに勝っているのは、身体の強さ、頑強さです。藤浪は、どんなに練習しても故障することはない。だから、きつい練習をさせて徹底的に鍛えることができたんです」

大谷との対戦を控えた西谷は、集めたデータにある「違和感」を覚えたという。

関西入りした練習試合で大谷の投球数があまりにも少なかったのだ。

「うちの藤浪なら、3試合すれば1試合は9回まで投げさせる。故障明けなら体力に不安があるわけですから、私なら必ず投げさせます。それが平安戦で5イニング、報徳戦で2イニングだったかな。どうも少ないな、と」

もちろん、関西は敵地だ。名将・西谷率いる大阪桐蔭と初戦でぶつかる以上、「手の内」を隠そうとしているとも考えられる。地元でしっかりフルイニング投げ込んで関西での練習試合は調整していただけかもしれない。甲子園は負ければ終わりのノックアウト形式だ。主軸が「ケガで欠場する」といったブラフをかけて油断を誘う場外戦もなくはない。

しかし、藤浪を見てきた西谷は「それはない」気がした。

藤浪のセンスはずばぬけていたわけではない。身体の成長と一緒に才能をゆっくり伸ばしてきた。西谷は、これまでの指導歴から身体のポテンシャル以上のパワーを引き出す怖さを熟知している。身体が成長していないのにセンスだけで150キロを投げてしまえば、当然、身体に負荷がかかりケガをする。おそらく大谷は、センスがありすぎて高校世代では、そのセンスに身体がついていけないのではないか。前年の帝京戦で150キロを出したあと、大きなケガに繋がったのも、それが理由かもしれない。

そう考えれば、大谷のイニング数の少なさも説明がつく。これが「答え」ではないのか。

「東北は寒いですからね。花巻東の監督（佐々木洋）さんも筋肉が硬くなりやすい春先に無理はさせたくなかったんでしょう」

となれば、花巻東高校、いや大谷の狙いもはっきりと見える。

「おそらく数イニングしか全力投球はできない。ケガ明けで、完投能力はまだ備わっていない。だから、序盤から思いっ切り飛ばして、こちらを圧倒する、打者としても、こっちのエースをすぐさま打ち崩す、そうして格の違いを見せつけて戦意を奪えば、あとは流しながらでも勝てる。要は序盤で『心』を折りにくるというのが、向こうのゲームプランとなるわけです」

となれば対抗策は一つ。「心を折られないこと」

「向こうは序盤で飛ばしに飛ばす。こちらは、それを見ても慌てず、後半、球威が落ちてくるまで力をためながらじっくり待つ。たとえ藤浪が打たれようが動じたりせず、終盤で必ず逆転できるとチーム全体できちんと共通認識を持てば勝てる。テーマは後半勝負でした」

大会初日「第3試合」の特殊性

西谷にすれば、花巻東と大谷のデータがほとんどない状態。対して大阪桐蔭のデータは映像も含めて大量に存在していた。相手は簡単に集めることができるのだ。とりわけ藤浪のデータは丸裸にされていても不思議はなかった。ただでさえ高校ナンバーワンと噂される投手と打者を相手にするのに情報戦で完全に後手に回ったのだ。当然、選手たちも動揺が走り、不安が募っても不思議はない。

この勝負、その「不安」をいかに取り除くか。

だからこそ相手のゲームプランを読み切る。それが監督としての最大の仕事。西谷は、すぐさま、選手たちを集めてミーティングを行い、自信満々に語りだす。

「この時点では、『可能性が高い』というだけで証拠があったわけじゃない。でも、そこは勝負どころですからね。指揮官が揺らぐわけにはいきません。堂々と、証拠は見つけた、これで勝てるぞと、強気で語ったものですよ」

そう言って西谷は笑う。もちろん、選手のなかには「ブラフ」の可能性を指摘する声も出る。そこで待っていましたとばかりに西谷が「第3試合」の説明を行う。

「初日の第3試合というのは、あまり知られてないんですが、開会式のあとすぐに鳴尾浜にある阪神二軍のグラウンドの横にある体育館で待機するんですよ」

第1試合のチームは、当たり前だが甲子園に入る。第2試合のチームは、甲子園横の雨天練習場（室内練習場）で調整する。そして第3試合の両チームは、第1試合終了後、すぐに雨天練習場に入れるよう体育館で待機するというのだ。

「第1試合や第2試合、あるいは第4試合なら、甲子園の球場入り前に、旅館かどこかで練習しておいて、試合前は軽いキャッチボールしかせず、こちらを油断させて9回まで投げきる、といったこともやろうと思えばできます。ところが、第3試合の場合、対戦相手と朝から体育館で一緒に待機になる」

体育館は待機場所であり、ここで投げ込みをすることはないという。朝からずっと相手と一緒にいる以上、どこかで投げ込みをすることはできない。第3試合は球場入りしてからしか最終調整ができないのだ。

「試合直前の大谷くんの投球練習の様子から、9回まで投げ切れそうか、逆に体力に不安がありそうか、見極める自信があった。私がしっかり見ておくから、おまえたちは安心しろ、そう選手たちに伝えたわけです」

甲子園の常連校とはいえ、選手たちも、そんな「あるあるネタ」まで知っているわけではない。西谷の説明に、なるほどと何度もうなずく。ちょっとした「小ネタ」を交えることで自分の話に信憑性をもたせたわけだ。

さすが、歴戦の名将と言いたくなる。

事実、この段階で情報戦は相手に負けていた。ノックアウト形式の甲子園では致命傷になりかねず、不安に思っていた選手は少なくなかったはずだ。それを西谷が第3試合の特殊性も交えて「情報戦」の遅れを取り戻す方法をしっかりと説明したのだ。選手の不安は解消するだろうし、精神的な余裕も出てくる。

試合直前の投球練習が少なかった場合、後半、必ず球威がガタ落ちする。たとえ大谷が、序盤、どんなにすごい球を投げ、すごい打球を放とうが、必要以上に恐れることもなくなる。選手の顔に精気がみなぎる。早く試合になれ、と興奮していく。もはや不安はない。チームから強い手応えを感じる。

この手綱捌きこそ名将・西谷浩一の真骨頂であろう。

大谷に勝利して成長した藤浪

そして2012年3月21日、大阪桐蔭対花巻東は、西谷の予想通りに進み、予定通りの勝利を収めた(9―2)。世紀の一戦は、名将の巧みな「情報戦」で決した。

「まったく投げ込む様子はなかったですからね。試合前の練習で20球かそこらだった。調子を見極めようと、目を皿にして見ていたんですが、ちょっとした打球音に目をそらすと、もう投げ込みを終えてノックの手伝いをしていた。試合前、選手たちに『こちらが予想した通りだ。勝てるぞ』と」

序盤、大谷の球はすごかった。うなるような速球に切れ味鋭いスライダー、スコンと落ちるスプリットに桐蔭の選手たちは手も足も出ない。さすがというべきか、2回には藤浪の決め球であるスライダーに狙いをつけてホームランまで放った。

普通ならば、ここで心が折れる。

大阪桐蔭は違った。3回、内野ゴロに打ち取られた選手が、笑顔で戻ってきて「球威、落ちてきたぞ」と言えば、ほかの選手たちが「なら、打てよ！」と総ツッコミでベンチが笑いで包まれる。まったく気落ちしない大阪桐蔭のベンチを見て大谷も焦ったことだろう。4回にはタイムリーで2点差に突き放されても大阪桐蔭の心は折れるどころか、ますます意気軒昂となる。

「4回から球威が落ちたせいか、それまで決め球にしてきたスライダーでカウントを取るようになった。『置きに来たスライダーを狙い打て』と指示を出したあとだったんで、タイムリーを打たれてもベンチの雰囲気は、よかったぐらいです」

6回にタイムリーで逆転、7回には本塁打で突き放し、高校ナンバーワンの投手をノックアウトした。この試合が大谷にとっての最後の甲子園となった。

「この勝利で一番成長したのは藤浪でした。自信になったんでしょうね。この試合でひと皮もふた皮もむけた。このチームが春夏連覇したのは、この勝利で藤浪が急成長したから。本当にこの世代は、たった1試合で化ける。それは相手が尊敬できるほど強く、世間から注目されてなくちゃいけない。その意味で大谷くんの存在に感謝しています」

大谷はセンスの化け物

西谷は、指導者として「二刀流」をどう思っているのか。

「高校世代で投手か野手かを決める必要はないですよ」

実際、いまの（2018年6月）大阪桐蔭には二刀流に挑む根尾昂《あきら》選手（3年、当時）もいる。一概に反対することはないが、問題はケガのリスクだと繰り返す。

「甲子園を目指すレベルの野球部は、どこも野手と投手は別の練習メニューを組んでいます。二刀流をやれば、週6日のうち、どちらか半分しか練習ができない。いまの野球は、私らの時代に比べ本当にレベルが高くなっていますし、練習内容も高度になっています。人の半分の練習量で身につくほど甘くはないんですよ。それでも身につけようとすれば人の倍、練習を増やすしかなく、身体の出来上がっていないとき、酷使すればケガに直結する。名門校で二刀流をやれば、どっちつかずになるか、ケガをする可能性が高いんですよ」

その意味で大谷が日本ハム時代はおろか、メジャーリーグでも二刀流が通用しているのは、「まれに見るセンスのよさがある」証拠だという。人の半分でほかの選手以上に技術を取得できるセンスが前提で、ほかの選手が容易にまねできることではないのだ。

西谷は、大谷の飛び抜けたセンスをバッティングに見たという。

ちなみに西谷自身、どちらかを選ぶならば「投手」と断言する。あれだけの投手は、早々、出てこない。「希少性でいえば投手でしょう」という西谷の意見は、負ければ終わる高校野球の指導者らしい見解だろう。「勝てる投手」へのプライオリティが高いにもかかわらず、西谷は、大谷の打撃に魅了されてしまった。

「彼が3年の時、アンダー18世代の日本代表（第25回AAA世界野球選手権大会）に選ばれたでしょ。うちの森も選抜されたので練習を見にいったんですよ。その時、大谷くんが打撃練習を始めたんで、ケージの後ろから見ましたが、いやあ、すごかった。ボールをバットに乗せるセンスがいいでしょう。軽く振ってもぽんぽん飛んでいく。ボールを強く叩いて飛ばす子はよくいるんですが、乗せて飛ばすのは教えてできることではない。モノが違うな、と改めて思いましたね」

高校野球は年々、進化している。進化に対応すべき高い技術と技能を猛特訓、長時間練習で身につける時代は終わった。育成期間である高校生世代は、いま、短時間で効率よく技術を身につけることが求められる。選手には高い野球センスが要求されるのだ。そんな時代だからこそ「センスの化け物」として大谷が登場したのではないか、と分析する。「長時間練習が当たり前だった時代では潰れていた才能かもしれない」とも高校野球の指導者として西谷は語る。一方、リスクの高い高卒からのメジャー入りを目指すような意志の強さ、金銭よりも夢を追う姿に、「私が担任なら（説得に）苦労したでしょうな」と、生徒の堅実な進路を願う一人の教師として笑う。

高校野球界の名将でありながら面倒見のいい社会科教師は、選手として、高校生として、とてつもなく規格外な大谷を懐かしそうに思い出していた。

対戦できてよかった、と。

（本文中敬称略）

にしたに・こういち●1969年、兵庫県生まれ。98年秋から大阪桐蔭高校野球部監督に就任。2008年夏の甲子園大会で監督として初の全国制覇。12年春のセンバツ1回戦で花巻東高校と対戦。藤浪晋太郎、森友哉のバッテリーを擁し、センバツ初優勝。同年夏の大会で史上7校目の春夏連覇。14年夏、17年春、18年春、夏でも全国制覇を成し遂げた。

取材・文●西本頑司

「二刀流」で成功する高校生はもう出てこない

関口清治（盛岡大附属高校野球部監督）

（2018年6月取材）

2012年、大谷翔平にとって高校最後の夏。岩手大会準決勝では驚異の球速160キロを記録するなど、故障に苦しんできたそれまでとは違い万全の仕上がりを見せていた。

エース大谷を擁する花巻東高校は当然のように甲子園行きの大本命と目された。しかし、そこに立ちはだかったのが関口清治監督率いる盛岡大附属高校だった。

決勝戦で本塁打を含む9安打5点を喫し敗退した大谷は、試合後の会見で涙を隠すことができなかった……。

「大谷くんが1年生で花巻東に入ってきた時から、ウチのこの学年ではその存在を意識して練習をしてきました。入学してすぐに春の大会で当たったときには外野手で出ていましたけど『ああ、これが噂の大谷くんか』と。見た瞬間からもう『うわぁ』という感じで、もうプレーしている姿がすでに普通の高校1年生ではなかったですからね。これはこの先どうなるんだろう、恐ろしいなあと思っていました。この子とこれから3年間付き合っていかなきゃいけないいんだな、と」

中学時代にシニアで全国大会に出場したその実力は、もちろん岩手県内の野球人の間に知れ渡っていたという。

「だけどウチは大谷くんに行かなかったんですよ。たぶんウチは最初から選択肢にないんだろうなというのがあったので。ただ、岩手で野球をしている子たちはみんな、あの当時の雄星くんには憧れたと思います。私は雄星くんが3年生の時に監督になったので実際にそのボールも見ましたが、正直なところを言うと、大谷くんよりも雄星くんのほうが球質がよくて打てないような気がしていました」

長いスパンで積み重ねた大谷対策

高校入学後の大谷のさらなる成長を見込んで、関口監督は早々からチームのバッティング強化に取り組んだという。

「大谷くんがウチの学校に対して公式戦で登板したのは、彼が1年生の時に1回と2年生の時に1回。3年生になってからは春の県大会と春の東北大会で花巻東に勝っていますが、その時は別の投手が投げていたので、大谷くんに土をつけたという実績は夏の決勝まではなかったんです。練習では打撃投手を本来のマウンドよりも半分ぐらいの距離から思い切り投げさせました。大谷くんに見立てた身長190センチ近い子に投げさせたり、球速160キロに設定したピッチングマシンをさらに近くに設置しての打ち込みもしています。そうやって速いボールに対しての練習というのは十分に積んでいけたかなと思います」

対大谷ということだけではなく、チーム全体として打撃強化を課題にしていたというが、「やっぱり大谷くんという存在があったからこそ、さらに力が入ったというのは事実だと思います」と関口監督は振り返る。

2012年夏の岩手大会決勝戦でホームランを放った4番の二橋大地選手が「ストレートが速く感じなかった」と話したのは気取りでもなんでもなく、まさしく3年にわたる特訓の成果であった。

「最初は打てるわけがないと思っていても、練習を続けていけば速い球にはだんだん慣れてくるものです。ただ、大谷くんから点数を取るということを考えたときには、それだけでは足りない。たとえば先頭バッターがシングルヒットで出て、そうして次のバッターが送りバントをする。その時に本当に後ろの2人が大谷くんの球を打てるのかと考えたときに連打というのは難しい。いくら空振りしないようにコツンコツンと当てていっても連打で得点するというのは厳しい。それよりは長打2本で1点を取る野球をやったほうがいいのではないか、ということで、最後の1年は長打力を磨く練習というのをやりました。

一つひとつ送っていくというのが高校野球のセオリーなのでしょうが、日本で一番いいピッチャーを相手に3連打できる打線をつくることのほうが時間がかかるし難しい。それだったら力をしっかりつけて、たとえばヒットを10本打ったら、そのうち5本が長打になるような、そのぐらいのチームでないと大谷くんからは点数が取れないという結論に至ったわけです。それで私の大学時代の先輩で、現在は茨城の明秀学園日立で監督を務める金沢（成奉《せいほう》）さんにお手伝いをいただいて、思い切った打撃改造に取り組みました」

ちなみに、この金沢氏は18年センバツで明秀学園日立を甲子園初出場に導き、初勝利を飾っている。青森・光星学院＝八戸学院光星の時代にも甲子園に出場し、巨人・坂本勇人の恩師としても知られる名将だ。

「直前に攻略法を考えたというわけではなく、大谷くんを打たないことにはウチは甲子園に行けないという思いがずっとあって、そうやって長いスパンでずーっと積み重ねてきたものが最後に成功したというわけです。ただ誤算もあって、実はこの夏の大会の前には大谷くんの球速は150キロを超えるぐらいかなというイメージでいたんです。そうしたら準決勝で160キロが出たという。これはまったく想定していなかった速さで、準決勝から決勝まで空いた1週間で、さらにハードな練習をやりました。それまでよりもピッチングマシンをさらに近くして打ち込んで、それだけやって、ようやく決勝戦に対応できた。その1週間が大きかったのです」

この年は岩手県営球場でプロ野球のオールスター戦が行われ、そのため準決勝から決勝まで期間が開いたことが盛岡大附には幸いしたわけだ。

逆に大谷にとってはこれがマイナスに作用したのか、決勝での投球について花巻東の佐々木洋監督は「下半身が使えず、肘も下がり気味だった」とコメントしている。

「準決勝では160キロが出ていたわけですから、たしかにその勢いのまま連投でこられたほうがウチにとっては厳しかったかもしれません。ただ、投げ方どうのこうのもありますが、そんなことよりも高校生であの球を投げるということがすごい。高校野球のなかでは異次元のピッチャーだったんですよ。決勝でいったんはウチがノックアウトする形になって、代わった投手もストライクが入らなくなったので、結局センターに入っていた大谷くんがまた登板することになったんですけど、それはいいピッチングでしたよ。結局、その試合では勝ったとはいえ、ウチは15三振をくらっていますからね」

当てられたら長打を覚悟

結局この試合での盛岡大附はヒット9本を放ったうちの4本が長打で、それが全部得点に絡んでいる。高校野球のセオリーを無視したイチかバチかの打撃改造が功を奏したというわけで、それがなければ大谷攻略は困難だったと思われる。

では打者・大谷についてはどのような対策をしたのだろう。

「バッティングは1年生の頃からよくて、これもまた化け物だと思いました。当時はどっちかというとバッティングのほうが怖かったですね。3年春の東北大会で花巻東と対戦したとき、ウチは1年生を先発させたのですが、大谷くんにはバックスクリーンへ3ランを打たれているんです。やっぱりこれはモノが違うと改めてその時に思いました。

バッティングに穴なんてなかったんじゃないですか。金属バットだし、当てられたらもう長打を覚悟しなければならないという感じでした。腕が長いですから、どこでも届くというイメージもあって、だから打者大谷に対しては投手大谷に対するのと違ってセオリー通りに攻めるしかない。そのうえで彼の打ち損じを願うような状態でいました。投打ともに高校のなかでは超一流を超えた超々々一流というのがふさわしい選手だったのです」

なお前述の春季大会で大谷に3ランを打たれた投手は、2014年のドラフトでソフトバンクから1位指名を受け入団した松本裕樹投手である。

大谷攻略を成し遂げて勇躍甲子園に乗り込んだ盛岡大附。岩手大会決勝戦直後には「大谷くんを打てたから甲子園で勝てるはず」とコメントした関口監督であったが、結果は立正大淞南高校を相手に延長12回4対5で敗退。先代監督から続く春・夏甲子園初戦敗退という不名誉な記録を「9」にまで伸ばしてしまった。

「勝てると思ったんですけどねえ。岩手大会ではずーっと『日本一のピッチャーを倒して甲子園へ行くんだからな』と言っていたので、やっぱりほかのピッチャーであれば打って当然という、甘い考えということではなかったのですが、どこか大谷くんを打ったことで満足感があったのだと思います。『大谷倒すぞ、大谷倒すぞ』でやってきて、いざ倒したらどこかポカーンとして甲子園へ行ってしまった。

私が監督になってからでは、あの年がいちばんいいチームで、去年(17年)春夏ベスト8に入ったときよりも、あの年代のほうが力はあったと思っているので、勝たなければいけなかった。だけどやっぱりどこか気持ちが抜けていたのでしょう。ただ、対大谷を意識して練習をしてきたことはチームに財産となって残っていて、それが13年夏の甲子園初勝利、17年春夏のベスト8に繋がっているのだとも思っています。いまは長打力がウチの売りになってきているように、いつの間にかチームのモノになっていたのでしょう。おかげで以前は甲子園へ行くのが怖かったのが、いまでは楽しみになっています」

大谷に勝ちたいという執念

インタビュー中、打撃練習のマシンの球速を関口監督自らスピードガンで測ると「164キロ」を表示した。

いかに大谷攻略にかける意気込みが強かったかを象徴するエピソードがある。

関口監督が精神教育の一環として選手たちに必ず見せる『出口のない海』という映画がある。主人公の甲子園優勝投手が明治大学に進学したのちに学徒動員によって人間魚雷・回天で出撃するという内容で、これを見たこれまでの野球部員たちのなかで唯一「自分が犠牲になることで甲子園に行けるなら死んでもいい」と言ったのが、2012年のチームのキャプテンだったというのだ。

「いまの時代にはあり得ない設定ですし、私としてもそのような犠牲を強いるために見せているわけではありません。好きなものを捨ててまで国のために命を捧げる、その恐怖心を考えたときに、甲子園という素晴らしい舞台で野球をやらせてもらっているのに、ピンチでビビったりチャンスで脚が震えたりというちっぽけな悩みを持つ必要はないということを伝えるのが本来の狙いなんです。そうして、この作品の主人公のように命を捨てろとは言わないけれど、高校野球の2年半という短い時間のなかでいろんなものを犠牲にして野球に懸けるというのもいいんじゃないか。あれも欲しいこれも欲しい、彼女も欲しいケータイも欲しい、時間も欲しいというのでは甲子園なんか摑めないよという話に持っていきたいわけです。

だけど、市川海老蔵の演じた主人公の特攻隊員に感情移入して『甲子園のためなら命を懸けてもいい』と言ってしまうほどに、あの時のチームは勝利に飢えていたというか、大谷くんに勝ちたいという執念があったのだと思います」

実際に成功するのは大谷だけ

そんな高校時代から飛び抜けた存在だった大谷を常に意識し続けていた関口監督の目、いま（2018年6月）のメジャーで活躍する大谷の姿はどう映るのか。

「高校時代とはまったく違って、投手・大谷は球種も増えましたし制球力もついているように感じます。高校の時はやっぱり真っすぐが一番で、とんでもない速さに面食らっていました。ほかに投げていたのはスライダーですが、そちらも曲がりはすごいのですが、コントロールに関しては〝だいたいのところへ来る〟というような印象でした。大谷くんのことは切磋琢磨する相手としていずれは勝ちたいという思いでやってきましたが、プロに入ってから彼がどんどん大きくなったのを見ると、やっぱり『それだけの素材だったんだな』『すごい選手と争っていたんだな』といまになって感じています。

二刀流についても期待以上にやっている。環境に慣れてしまえば、もっと上のレベルにまで行くのではないでしょうか。仮に1年間はバッターで次の1年間は投手だけというふうに登録を替えながらやってみたとき、投打それぞれで年間にどのくらいの成績を残すのかというのも見てみたいですね。ともかく、年齢のことを考えてもまだまだこれからもっとよくなるでしょう。大谷くんが活躍してくれればくれるほど、それに勝った我々の価値も上がる……というわけではないのでしょうが、そういう選手とやってきたことは励みになるし、そのことは後輩たちにも受け継がれていくでしょう」

現役の指導者として、もし大谷レベルの子が今後入部してきたときには、やはり二刀流に挑戦させる気持ちはあるのだろうか。

「やらせてみたい気持ちはありますが、ただ、実際にはそんな大谷くんレベルの子はいないでしょう。いまは多くの高校で投手と野手が分業になっていて、昔のチームみたいなエースで4番というのは少なくなった。ウチでもそのレベルの選手となると、よくて10年に一人ぐらいじゃないですか。大谷くんがそういう夢をつくってくれて、二刀流を目指す子が将来出てくる可能性を残してくれた。だけど、そうは言いながら、実際に成功するのは結局大谷くんだけではないですかね」
（本文中敬称略）

せきぐち・せいじ●1977年、岩手県生まれ。盛岡大附属高校野球部に在籍時、選手として甲子園に出場。ポジションは捕手。大学卒業後に同校野球部コーチ、部長を経て2008年秋に監督就任。13年に甲子園初勝利を飾り、16年にはベスト8まで進出。鍛え上げた強力打線は「わんこそば打線」と称されている。

取材・文●早川 満

「いつか勝ってやろう」という気持ちすら起きない

丹野啓介、笹川裕二郎（ともに福島リトルOB）

（2018年6月取材）

2018年4月8日、オークランド・アスレチックス戦。メジャー公式戦2度目の先発登板となった大谷翔平は、いきなりの3者連続三振を皮切りに7回途中まで打者19人に対してパーフェクトピッチングを披露する。結局この回に1安打1四球を許し7回を投げ切ったところで降板とはなったが、無失点12奪三振という抜群の内容で2勝目を飾ってみせた。

この快投を受けて、米メディアから「人生最高のピッチングだったたと思うか」との質問が飛ぶと、大谷は軽く笑みを浮かべながら「人生一番は小学生ぐらいのときです」と応じている。これを大谷流のジョークと捉える向きもあったが、その「人生一番」というのは実在する。

07年に行われたリトルリーグ東北大会準決勝。水沢リトルで3番・エースを務める当時12歳の大谷は6イニング18アウトのうち17個を三振で奪っていた（大谷は「小学生ぐらい」と言ったが実際は中1の春。リトルの規定イニングは6回）。この試合の対戦相手、福島リトルの3番打者だった丹野啓介と4番の笹川裕二郎はその時の大谷のすさまじさを、いまもなお鮮明に記憶しているという。

雰囲気の違うのが一人いる

笹川　前の試合ですごいピッチングをした選手がいるということは試合前から聞いていたのですが、水沢リトルの練習風景を見ていると、そのなかに雰囲気が違うのが一人いて、それが噂の大谷くんだろうということはすぐにわかりました。身長も170センチ台の後半はあったんじゃないですか。

丹野　整列の時にも頭がポコンと二つぐらい出ていましたね。この時は僕たちのチームもけっこう仕上がっていて、ある程度の自信はあったし、監督からも「全国を狙える」というふうに言われていたのですが、彼のピッチング練習を見た瞬間に「あぁ、これはもう無理だな」って直感しました（笑）。そこまで勝ち進んでくるなかで、いろいろと前評判の高い選手との対戦もしてきたので「そんな好投手の一人だろう」というぐらいの想像をしていたのですが、実物を見てみたら、もうレベルが一段も二段も上の、本当に初めて見るような球を投げていました。

そんな二人の予感は良くも悪くも的中し、福島リトルは先頭打者から9連続三振を喫してしまう。なおその時の大谷の持ち球は真っすぐとスライダーの2種類だけだったという。

丹野　とはいえ、そのどちらかに狙いを絞ってみても反応すらできない。そうして追い込まれてしまえば両方を考えなきゃいけないのでまったく当たる気がしない。

結局僕は一度もバットに当たることなく3打席3三振。たぶんファウルすらなかったと思います。

笹川　私は左打者なのですが、1打席目に外角の球と思って振ったら自分の足に当たっていた。スライダーがそれぐらい曲がってきたんです。初球のストレートも速すぎて、おそらく120キロは出ていたんじゃないですか。もうあまりにすごい投球に頭も身体も追いつけない状態で「いつか勝ってやろう」という気持ちすら起こらない。こういう人が本物のトップアスリートなんだなと衝撃を受けました。

丹野　プロに入るのは当たり前の話で、きっとそのなかでもトップの一握りの大選手になるのだろうと、すでにあの頃から思っていましたね。

リトルのレベルを超越

「福島リトルから一人ぐらいプロに行っていれば〝大谷は子供の頃からすごかった〟ということの証明になったのですが」と話す笹川。とはいえ、そういう笹川自身も、のちに進学した仙台育英高校では甲子園に出場し、国体でもマウンドに上がっている。大学時代に肩を故障しなければ、いまもプロなり社会人なりで野球を続けていたかもしれない逸材だったのだ。また丹野も名門の東北高校野球部に進み、故障で結果は残せなかったものの長らくマネジャーを務めていた。

そうした野球の下地のある二人をしてもなお、当時の大谷は別次元の存在に映ったというわけである。

最終スコアは7対1で水沢リトルの勝利。17三振以外のアウトは内野ゴロがひとつ。福島リトル唯一の得点は内野安打で出た2番打者を笹川が二塁打でかえしたものだった。

笹川　バットを短く持って当てにいったら打球がいいところへ飛んでくれました。ただ、打ったあとのバットを見ると凹んでいるんですよ！　素材がカーボンだったのでたしかに金属よりは凹みやすいのですが、それは当たり所が悪かっときのこと。だけどこのときは芯に当てたハズなのに凹んだんです。ただ球が速いだけでなく球威もあの頃から規格外だったというわけです。

丹野　たとえば彼ぐらいの球速のピッチャーでも、ある程度ボールの出どころが見えれば、僕らだってもう少し当てることはできたと思うんです。だけど球がどこから出てくるのかもわからない。いまの投球フォームとあまり変わらないような柔らか～い感じのモーションで、あれはもうどうしようもない。試合後は負けた悔しさもありながら、「なんかすごいものを見たなあ」という感覚でした。

大谷がこの試合ですごかったのは投球だけではなかった。打撃のほうもまたリトルのレベルを超越していたという。

丹野　あの試合の大谷は3打数2安打だったかな。僕は先発で2打席対戦して1打席目にヒットを打たれています。

笹川　代わった私も3打席目に打たれました。結果はシングルヒットでしたが、あれは打球が強すぎてシングルになったもの。ものすごい速さの打球が野手の頭ぐらいの高さの弾道で（外野フェンスの替わりに立てられた）ネットにバンと刺さってかえってきたんです。

変態チックなぐらいに野球が好き

　このリトルでの対戦があってから、二人はそれぞれが先述の通り東北地区の野球名門校に進学。大谷の花巻東高校とは練習試合などで顔を合わせる機会もたびたびあったという。

笹川　高校の頃は成長痛で脚が悪かったりということもあったので、なかなか本調子とはいかなかったようですが、それでもほかの球児たちと比べれば、とてもそんなふうには言えないぐらいのレベルでした。

丹野　高校生ともなれば、どうしても投手と野手それぞれに専門性が求められてくるわけですが、そうしたなかで投打ともに結果を残すというのはやっぱり並大抵じゃない。

笹川　甲子園でホームランも打っているし、投げても160キロですからね。

丹野　ウチの東北高校はけっこう花巻東と練習試合をやっていたので、そうすると試合の合間とかに話す機会もあったのですけど、「本当に高校生なのかなあ」っていうぐらいに落ち着いていて、先を見据えているような話し方でした。いまの記者会見での優等生イメージそのままです。

笹川　変な噂もまったく聞かなかった。だからいまになって高校時代の大谷のやんちゃなエピソードを尋ねられても、そういうものがあるのなら逆にこっちが教えてほしいぐらいです。

丹野　彼女がいるのかいないのか、時々ネットに貼られている写真は本物なのか、とかね。だけど本当にそういう話は聞いたことがない。追っかけみたいな女の子はきっといたと思うんですが、こちらは田舎ですからねえ。関東の高校であれば「練習試合がある」と言えば女の子も電車で来られますけど、こっちはどうしても遠いところばっかりなので球場に足を運ぶまでが一苦労。

笹川　外出時の制限や門限などがかなり厳しかったという話は聞いていましたね。学校の立地もそうですし、野球に集中して取り組むための環境がつくられていたように思えます。

丹野　高校が厳しかったのにその反動もなく、プロに入ってからも生活態度を崩さずにやったというのもすごいところですよ。これも一つの才能です。

笹川　よほど野球が好きなんでしょう。世間一般からは私たち二人だって「よほどの野球好き」と見られそうですが、そんな私たちからしても彼は「よほどの野球好き」ですよ。

丹野　もはや普通の優等生というレベルではなく、変態チックなぐらいに野球が好きなのかもしれませんね。

ニュータイプのインテリスポーツ小僧

こうした大谷の人格形成においては父の徹氏や高校の恩師・佐々木洋監督らといった周囲の影響も大きかったようだ。

笹川　お父さんが結構厳しかったようなので、その影響というのはあるかもしれません。

丹野　彼はリトルリーグからリトルシニア（中学生対象の少年硬式野球）へ行ったのですが、シニアでもずーっとお父さんが監督として見ていましたから、そういうところがしつけというか人間としての成長にいい影響を与えているのかもしれません。

笹川　性格的なところでいうと従順な印象はありました。僕らが負けたリトルの試合前、スターティングメンバーとベンチ入りメンバー表の交換の時には監督とキャプテンが一緒に出てくるのですが、彼は周りの様子をうかがいながらお父さんの後ろを歩くような感じでした。あまり積極的に周囲と打ち解けるような印象はなくて、おそらくはもともとの性格もそんなにはっちゃけたような感じではないのでしょう。すごく真面目で他人の言うこともしっかり聞くような子だったと思います。

丹野　花巻東の佐々木監督も人間育成ということでは定評のある方で、私もマネジャーとして練習試合のときに少しお話をさせていただいて、そういった部分はとても強いように感じました。だから大谷の成功はある意味で指導者や周りの人たちに支えられた部分もあったのかなあと、いまにして感じています。

笹川　あと、彼はたしか読書も好きですよね。だから文武両道ということをかなり意識して育てられたのではないかなと思います。

丹野　いまの時代の野球小僧って感じですよね。

笹川　ニュータイプのインテリスポーツ小僧。

丹野　僕もいまボーイズリーグというところで少し野球を教えたりしているんですが、子供たちには彼のそういう部分を目指してほしいですよね。野球の能力や技術という面だけではなくて、それに取り組む姿勢であったり人間性であったり考え方というところを。

笹川　数年後には大谷を題材にした子供向けの偉人伝が学校の図書館に置かれているんじゃないですか。

丹野　道徳の教科書に大谷の写真が載っているかもしれませんよ。

ふつう20代ぐらいであれば身近な同級生が大活躍する姿を見たときには羨《うらや》んだり

嫉妬を覚えたりしそうなものだが、笹川と丹野からはそういった雰囲気が感じられない。

丹野　力が近い相手なら足の引っ張り合いもできるのでしょうが、遠すぎて足にまで手が届かないんですよ。

笹川　あまりにもレベルが違いすぎて褒めることしかできない。

丹野　だからいまは一ファン、一観客というのが正直なところです。ニュースを見て「いい球投げてるな」「今日もヒットを打ったよ」みたいな、ホントそんな感じで。ウチの高校の先輩がダルビッシュさんなんですけど、申し訳ないのですが、それよりも大谷の結果のほうが気になってしまう。対戦していた同級生というのもあってその意味では本当に身近な存在だったので。

笹川　仕事もあるのでなかなか生の試合中継を見ることはできないのですが、結果は欠かさずチェックしています。

丹野　ニュースで見て、そのあとにユーチューブとかで打席を見るような感じで。

朝早い試合のときにはもちろんテレビ中継も見ますし。

笹川　いまの仕事の場でも大谷と対戦したことは役に立っています。私からはあまり言わないのですが、周りがそのことを言ってくれたりするので。

丹野　僕もいまの会社でお客さん相手に話のつかみとして使わせてもらっています。あと羽生結弦や大魔神（佐々木主浩）の息子さんは同じ高校の同級生だったし、ゴルフ初ラウンドの相手が松山英樹さんだったりして話のネタには困らない。スポーツ関係の人の縁には本当に恵まれていて感謝しかありません（笑）。

東京オリンピックに出てほしい

現在（２０１８年６月）は父親が代表を務める仙台のリサイクル関連会社で修業中の笹川と、山口県にあるインソールメーカーで全国を飛び回りながら少年野球にも携わる丹野。二人にとって大谷翔平とはどういう存在だったのだろう。

笹川　こっちが歩いているその横を、彼は新幹線はやぶさであっという間に駆け抜けていったというような感じでしょうかねえ。

丹野　しかもゴールは設定していないから、まだまだ遠くまでズーッと走り続けていくんでしょう。野球に関してはたぶん記録にも記憶にも残る……さまざまな記録の1位が全部ショウヘイ・オオタニに変わっちゃうんじゃないかっていうぐらいになると信じています。そう遠くないうちにメジャーで「4番・ピッチャー」というのもあるんじゃないですか？

笹川　二刀流でどうなるかというのは最初は誰も予測がつかなかったと思います。でも私たちを含めて彼と対戦してきた人たちはみんな「きっと大丈夫だろう」と感じていたと思いますよ。メジャーでの活躍にしたって、うれしくは思っても、そこに驚きはありません。

丹野　もういまは逆にみなさんが、大谷がヒット1本打っただけだと「1本だけかよ」「ホームランは出なかったのか」なんてぐらいになっていますよね。

笹川　1試合ノーヒットだと「調子が悪い」とか言われますからね。でも打率を見るとまだ3割台だったりして。

丹野　できることなら彼には東京オリンピックにも出てきてもらいたいですね。私はいま福島在住で、五輪では福島県で1試合やるという話もありますから、そこに大谷選手が来てくれたらうれしいですよね。都内とか首都圏はまだ子供の数も多いのですが、福島県というのは原発の問題があったりとかしてどうしても子供の数が減ってきていますし、それが少しでも変わるきっかけになってくれたらいいなと薄々期待はしています。彼はそういうことへの理解もあるでしょうし。

笹川　たしかに野球をやるだけの人間で終わらないとは感じます。

丹野　リトルの大会が終わってから中学に上がる直前にも彼と会ってしゃべる機会があったんですけど、そんななかでも結構、先のことまで見据えていることを言っていましたからね。そこに彼のお父さんもいたのですが、やっぱり「高校へ行って甲子園に出るというのがゴールではなくてその先を考えているんだよ」というようなことを話していて、こういうところが僕らとは違うのかなあと感じさせられた記憶があります。

笹川　とにかく大谷のことはずっと応援していきたいですね。

丹野　エンゼルスの本拠地（スタジアム・オブ・アナハイム）に会社のスポンサー広告を出したらいいんじゃないかな（笑）。

笹川　それはいいなあ……。だけど、もし広告を出すにしてもまずは地元の楽天からになるかな（笑）。

（本文中敬称略）

たんの・けいすけ●1995年、福島県生まれ。福島リトルの3番打者。ポジションは投手。東北高校の野球部に進み、同級生には羽生結弦や大魔神・佐々木主浩の息子もいた。

ささがわ・ゆうじろう●1994年、福島県生まれ。大谷の水沢リトルと東北大会準決勝で対戦した当時の福島リトルの4番打者。仙台育英高校では投手として甲子園大会にも出場。

取材・文●早川 満

幻と消えた大谷翔平「横浜隼人高校」入学計画

水谷哲也（横浜隼人高校野球部監督）

（2018年5月取材）

そもそも、その法人名からして不可思議な「縁」が漂う。学校法人・大谷学園。横浜市瀬谷区の長閑《のどか》な丘陵地帯に立つ、大谷卓郎氏が創設した横浜隼人《はやと》高校（現在の理事長は卓郎氏の子息である大谷高《たかし》氏）のことである。

男子校時代は厳しい教育で知られたその高校に、いまから30年前、一人の青年が社会科の教師として赴任してきた。

水谷哲也。現・同校野球部監督である。そして、そのことが大谷翔平の野球人としての道筋をつけたと言ってしまえば、言いすぎになるだろうか。

水谷監督は野球部員を前にして、よくこんなユニークな檄《げき》を飛ばすという。

「将来、もし大谷選手に会うチャンスがあったら、『僕、横浜隼人出身です』と挨《あい》拶《さつ》してみろ。大谷選手は『ああ、水谷先生の教え子だね』と答えてくれるやろう。君たちはほかの高校の部員とは違うんだぞ。あの大谷選手と同じグループ、仲間なんだからな。大谷選手に恥じないように、君たちも頑張らんと」

水谷監督はその昔、徳島県下有数の進学校・徳島市立高校の野球部員だった。捕手として出場した1982年夏の県大会準々決勝では、その後、全国制覇を成し遂げる〝やまびこ打線〟の池田高校に「木っ端微塵《みじん》」の大敗を喫した経験も持つ。

高校卒業後は国士舘大学に進学した。野球部に所属したが、自分の夢である高校野球の指導者の道を歩むために選手としての自分に見切りをつけ、3年生から国士舘高校の野球部コーチに就任、「教員を目指して」社会科の教職課程も取得した。大学卒業後も同校での1年半のコーチ生活を経て、88年9月、隼人高校(現・横浜隼人高校)に赴任。野球部のコーチを1年務めると、部長を経て91年に監督に就任した。

「ところが」

と、水谷監督は苦く笑う。

「私は生粋の田舎者。隼人に赴任した時は、神奈川県に友人もいなければ、親戚もいない。完全な外様でした。しかも、神奈川県は日本一の激戦区です。その神奈川県でどうやって勝ち抜いたらいいのかを考えたとき、とにかく多くの人に会って、教えを請うしかないと思ったんです。真っ先に向かったのが、甲子園常連校・横浜高校の渡辺元智《もとのり》先生のところでした。それからというもの、ノートと名刺を手にいろんな人に会っては、頭を下げまくる毎日が続きました」

こうして瞬く間に広がったネットワーク。豊富な人脈を持つ監督として、〝水谷哲也〟の名前も、高校球界にあまねく知れ渡った。

以来、「県外の高校が神奈川に遠征に来るといっては、横浜や東海大相模など強豪校との練習試合をセッティングしたり、宿泊や弁当の手配をしたり……」と、水谷監督は高校球界の〝世話役〟にも徹するようになる。

監督に憧れていたからだという。

水谷監督はさっそく大学の先輩でもある沼田監督に相談を持ちかけると、二人で同大野球部の武居邦生監督（現・横浜DeNAベイスターズスカウト）に、「黒沢尻北にものすごく勉強熱心な子がいます」と、佐々木を強く推薦した。

「その佐々木くんが国士舘大の2年生の時、『コーチの勉強をさせてください』と、横浜隼人にコーチ志願でやってきたんです。それから4年間、うちのコーチをやってもらいましたが、私がなにかを教えたわけではない。私が知っている人をどんどん紹介して、人脈を広げる手伝いをしたぐらいですよ。

現役時代にスーパースターの選手だったら、指導者になったとき、優秀な選手との出会いも豊富だろうし、その成長過程を見て自ら勉強もできる。しかし、佐々木くんも私も選手としては無名でした。だからこそ、たくさんの実績ある人たちと会う必要があったし、その指導法を自分のものとしてマスターし、それを選手たちに伝えていかなければならなかったんです。佐々木くんもそのあたりは十分にわかっていました。相変わらず勉強熱心で、トレーニング学やリハビリ、心理学、医学のセミナーにまで参加していたほどです」

結婚式でのスピーチが現実に

佐々木は恩師・水谷監督とまったく同じ道を歩み始めた。通常は母校で行う教育実習もコーチを務めながら横浜隼人で行い、水谷監督は佐々木の指導教官にもなった。

「佐々木くんは教師として地元・岩手に戻り、岩手県の選手だけで高校野球の頂点に立つという目標を持っていました。私も神奈川県の選手で甲子園に行くつもりでしたので、二人でこんな約束をしたんです。『お互い高校野球の原点に立ち返り、地元の選手だけで甲子園を目指そうやないか』と」

1999年、佐々木は郷里・岩手の花巻東に社会科の教師として赴任した。国士舘大学への入学がそうだったように、花巻東に佐々木を教員として推薦したのも、水谷監督から依頼された前出の沼田監督だった。これが、水谷監督と大谷を結ぶ第二の糸となる。

「ただし」

と、水谷監督。

「花巻東は野球を強くするつもりで教師を探していたわけじゃなかった。教師として優秀な人材を求めていただけなんです。だから、佐々木先生は最初にバドミントン部の顧問になり、それから女子ソフトボール部の監督にもなりました。そんな時、硬式野球部の監督さんが手伝ってくれる指導者を探していた。そこで、佐々木先生を呼んでみると、『こりゃ、単なる野球経験者じゃないぞ。野球をよく知っているし、人脈も豊富だ。じゃ、あなたが監督をやりなさい』ということになったんです」

2002年、佐々木は晴れて花巻東の野球部監督に就任した。そして、ここでも水谷監督のバックアップは、途切れることなく続く。

佐々木が結婚した時は、その仲人を務めた。披露宴には自らのツテで強豪校の監督だけでなく社会人、大学野球の監督やプロのスカウトまで招待した。仲人のスピーチで、水谷監督はこう口にした。

「新郎の佐々木洋くんは、将来すごい男になりますよ。いずれ甲子園でアッと言わせるだけでなく、必ず日本一の指導者となり、世界一の選手も育てる。野球界の宝になる人物です」

菊池雄星を擁しての花巻東旋風、甲子園常連校としての台頭、そして大谷翔平という逸材の育成……。「まだ甲子園にも出ていない無名の佐々木監督を、ちょっとどころか、えらい持ち上げた（笑）」という仲人・水谷監督のスピーチは、のちに現実となった。

菊池雄星が花巻東に入学した理由

水谷監督は言う。

「佐々木監督の意向もあり、私の大学の1学年先輩で、花巻東にスポットコーチに入っていた葛城《かつらぎ》弘樹さん（松山商業高校-国士舘大学）に、花巻東のピッチングを見てもらう人はいないかと相談したんです。そして、葛城さんと同じ東芝の野球部で、葛城さんと同級生だった三原昇さん（日大藤沢高校-亜細亜大学）に花巻東の投手陣を指導してもらうことになった。三原さんは投手として社会人野球の最高殊勲選手にもなった人で、佐々木監督に『甲子園に行くためには、左投手を育てるべきだ』とアドバイスしたんです。日大藤沢高校時代には後輩に山本昌、亜細亜大学時代には阿波野秀幸（現・中日ドラゴンズ投手コーチ）がいたし、右の一流より左の二流、右の二流より左の三流のほうが抑えられるという考えの持ち主でした。

たしかに、左投手のボールは角度がある。とくに右打者になると、差し込まれたとき、なかなかバットの面でボールを捉えることができません。楽天の松井裕樹があの小さい身体で通用するのも、左から繰り出される鋭いスライダーと角度のあるストレートが大きな武器になっているからです。そこで、佐々木監督は徹底的に左投手を育てることにした。外野手であろうが一塁手であろうが、左利きの子を全部ピッチャーにしてしまったんです」

甲子園への切符を先に手にしたのは、教え子のほうだった。「よりによってうちが県予選準々決勝で桐光学園に負けた日に『甲子園決まりました』と、佐々木監督から連絡がきて（笑）」

監督就任からわずか3年後の２００５年、佐々木監督率いる花巻東は、元外野手の左の軟投派・田中大樹を擁し、15年ぶりとなる夏の甲子園出場を果たした。2回戦で樟南（鹿児島）に大敗を喫したが、水谷監督によると、「左投げの野手を投手にして甲子園に出場したわけですから、そこから花巻東は左ピッチャーを育てるのがうまい」という評判が、岩手県下へと瞬く間に広がったという。

「左投手が育つならと、岩手県の中学野球で名を馳《は》せていた左の菊池雄星が、花巻東に進学するという話が出てきたわけです。雄星と言えば、30校近くもの高校から誘いを受けていた逸材。岩手県の優秀な選手は、甲子園に行くために仙台育英とか東北、青森光星学院（現・八戸学院光星）、青森山田とかに越境入学しますが、雄星が入学するのなら地元から甲子園にも行ける。そこで、岩手県の優秀な選手がこぞって『じゃ、僕も花巻東に行きま〜す』と、花巻東に入学してきたんです。こうして花巻東は、まさに『オール岩手』になっちゃった」

07年夏、1年生エース・菊池を擁する花巻東は甲子園に出場した。これは初戦敗退に終わったものの、菊池が3年生になった09年の春に甲子園準優勝。同年夏も4強入りを果たすなど、甲子園に花巻東旋風が巻き起こる。

横浜隼人が激戦区の神奈川県を制し、甲子園の初切符を手にしたのもこの09年夏のことだった。水谷監督にとっては、監督就任18年目での悲願達成。そして、師弟対決は甲子園2回戦で早くも実現する。結果は、雄星を打ち崩せず、横浜隼人が敗退(1―4)。水谷監督はおどけた口調で振り返る。

「国士舘大学に推薦して、横浜隼人でコーチをして、教育実習の指導教官をして、おまけに結婚式の仲人までしているので、甲子園の試合前に佐々木監督にこう言ってやったんですわ。『うちに勝つことが恩返しじゃない。うちに負けることが恩返しなんだぞ』って(笑)。伊万里農林(佐賀)を破って甲子園で1勝していたからいいものの、もし花巻東と初戦で対戦して負けていたら、ショックは大きかった(笑)。ですが、甲子園で戦えたこと自体が奇跡だと思っています。そして、野球の神様に感謝しています」

横浜隼人への「大谷入学計画」

横浜の水谷監督と岩手の佐々木監督。岩手県奥州市で生まれ育った大谷翔平との接点を持ったのは、佐々木監督だけではなかった。実は岩手から遠く離れた横浜隼人の水谷監督も接点を持っていたことは、あまり知られていない。これも、豊富な人脈が運んだ不可思議な縁だった。

「国士舘大学の私の先輩で、三菱重工横浜のエースで監督も務めた里木雅彦（七尾工業高校-国士舘大学）さんがうちの投手を指導に来てくれていました。その里木さんが社会人野球時代にバッテリーを組んでいたのが、大谷のお父さんの徹さんだったんです。里木さんと徹さんは、引退後も交流が続いていましたからね。ある時、徹さんの次男がすごい投手らしいと聞かされたんです。

さっそく里木さんが岩手まで視察に行ってくれました。ガラケーで撮ったピッチング動画も見せてくれましたが、驚きましたね。身長もあって、フォームも柔らかい。それでいて、グシャ！　というような柔らかいヒジの使い方をして、すごい速球を投げる。それが、中学3年の大谷でした。ちょうど大谷のお母さん（加代子）の実家が、横浜の旭区にあったんですよ。うちの高校まで30分程度の近距離です。里木さんも『それならお母さんの実家に住まわせて、横浜隼人に通わせたらどうか』

といった話を、大谷のご両親にしてくれたようですが」

しかし、当の大谷は菊池雄星に憧れ、投手育成のうまい花巻東への進学を希望。佐々木監督もこの逸材に目をつけないわけがなかった。

「お互い地元の選手で頑張ろう」

そう佐々木監督と約束していた手前、水谷監督も諦めるしかなかった。

「もしうちが大谷を獲《と》ろうとしたら、佐々木監督に『それは反則です。チャチャ入れないでください』と文句のひとつでも言われていたでしょう。仙台育英や東北、青森光星学院（現・八戸学院光星）、青森山田など県外の高校が、大谷を引っ張るというのなら、それはアカンやろうという感じでしたが、佐々木監督が獲るのなら、『まあ、しゃあないな』と思いました（笑）」

母親の実家を拠点にして、横浜隼人に入学――。儚《はかな》く消えたこのプランを、大谷本人はしばらく知らなかったという。初めて耳にしたのは、日本ハムに入団したあとのことである。

「けど、あれだけの選手になるのがわかっていたら、反則でもなんでもして、強引に獲りにいけばよかった（笑）」

水谷監督はあくまでもユニークで、快活である。

佐々木監督は大谷翔平の「心」を育てた

横浜隼人はピッチャー大谷翔平との対戦経験はない。遠征試合に赴いた時、1年生の大谷は外野を守っていた。

「骨が成長段階にあったため、佐々木監督が無理をさせなかったからです」

その代わり、特大の本塁打に見舞われた記憶がいまも水谷監督の脳裏に焼きついているという。

「大谷翔平ほどパイオニア精神が旺盛な選手はいません。日本ハムを経由せず、当初の希望通りいきなりメジャーに行っても、私は成功すると思っていましたし、二刀流でも十分に通用すると信じていました。いずれメジャーの殿堂入りを果たすことだって夢ではない。私はメジャーの殿堂入りが、野球人の最高峰だと思っていますが、それだけの可能性を持っているのが大谷翔平だからです。その大谷翔平を育てたのは、お父さんとお母さんです。お父さんはいかにもキャッチャーというタイプで思慮深いし、お母さんはバドミントンの国体選手で、とても気さくな方です。このご両親がいなければ、いまの大谷はいなかったはずです。

佐々木監督も『僕が大谷を育てたわけじゃありません』と言ってますし、彼が大谷に二刀流やメジャー挑戦を勧めたわけでもない。私にしても自分が佐々木監督を育てたとは微塵《みじん》も思っていませんよ。ただ、佐々木監督は大谷の心を育てたことは間違いありません。大谷は目標達成の項目をノートに記録していましたが、これはいまを一生懸命に頑張りつつも、10年、20年後を見据えた佐々木監督の指導があったからこそなのだと思いますよ」

こう口にしたあと「今後の目標は？」——そう問うと、水谷監督は「佐々木洋です」とおどけた口調で答えた。

横浜隼人の野球部員は現在約１３０人。野球部寮もなく、全員が自宅から通う選手だという。

「神奈川県には横浜、東海大相模など強豪校がひしめいています。２００近い高校のうち甲子園に出たのは10パーセント程度しかありませんし、甲子園初出場校もうちの高校以来、出ていない。神奈川を勝ち抜くのがどれほど大変か、佐々木監督もわかっているとは思います（笑）。

全国から部員を集めている強豪校と対戦するときは、部員たちによくこう言い聞かせます。『同じ高校生だと思うからビビるんだ。彼らは違う高校生なんだ』って。そして、部員が少しでもリラックスして自信が持てるように、失礼かもしれませんが、大谷翔平選手と同じグループ、仲間であることを強調したり、他校にはない自分たちだけの強みを全面的に出させたりして、試合をします」

今春（2018年）、花巻東の野球部に県外生が入部した。「地元の選手で頑張る」という二人の約束が破られたことになるが、それは両者にとってうれしい約束反故《ほご》だったかもしれない。佐々木にとっては恩返し、水谷監督にとってはわが子の自立と成長のために。

水谷監督の次男・公省《こうしょう》くん（15歳、取材時）が、花巻東に越境入学したことである。

「めちゃくちゃうまいか、めちゃくちゃ下手くそなら受け入れていましたが、技術的にも精神的にも中途半端な自分の息子を部員として迎えるのは、さすがにやりにくい。ありがたいことに佐々木監督が『僕に預けてくださ い』と言ってくれたのでお願いしました。その息子ですが、花巻東の面接を受ける際、教職員の間では『尊敬する人は？』の質問になんて答えるか、話題になっていたそうです。父親と答えるんじゃないか、いや佐々木監督じゃないか、と。ところが、息子の返事は『大谷翔平さんです』。これには、花巻東の教職員が全員ズッコケたそうです。だから、息子に言いましたよ。『お前、大谷選手と会ったこともないだろ。尊敬する人とは、自分が直接知っている人を指すもんだ。不合格になるかもしれんぞ』って（笑）」

大谷翔平がメジャーに挑戦した年に、その大谷翔平の母校に入学した水谷公省くん。大谷をめぐる水谷監督の「縁結び」の仕事は、めぐりめぐって大谷に引き継がれたのかもしれない。

（本文中敬称略）

【追記】

花巻東高校と横浜隼人高校が甲子園で対戦してから10年。２０１９年に水谷氏の次男で花巻東高校２年生・水谷公省くんが、第１０１回全国高等学校野球選手権大会に出場。８月９日（野球の日）に水谷氏の故郷、徳島県代表の鳴門高校と対戦した。公省くんは４番打者（背番号５）として出場するも４対10と惜しくも敗戦。また、公省くんが卒業した21年には、佐々木洋監督の長年・麟《りん》太郎《たろう》くんが花巻東高校に入学。１８３センチ、１１７キロと「規格外」の大型１年生として活躍が期待されている。

みずたに・てつや●１９６４年、徳島県生まれ。徳島市立高校から国士舘大学へ。卒業後の88年、横浜隼人高校に赴任。92年から野球部監督を務める。高校球界随一の人脈を誇り、大谷翔平の師である花巻東高校監督・佐々木洋の指導者としての道も切り開いた。２００９年夏、甲子園初出場。ユニークな指導法に定評がある。

取材・文●織田淳太郎

第四章　異例——レジェンドOBの「二刀流」私見

「100年に一人の投手」だから二刀流には反対

（2018年6月取材）

張本 勲

打っては3試合連続ホームラン、投げては160キロの剛速球を投げ込み開幕2連勝（2018年）――。「二刀流」大谷翔平は投打に鮮烈なメジャーデビューを飾り、あっという間に日米のファンを熱狂と驚愕《きょうがく》の渦に巻き込んだ。しかし、そんなフィーバーにあっても、張本勲の「二刀流反対」は変わることはない。

「自分で投げて、打って、『二刀流』は野球選手にとっちゃ夢物語。大谷がやりたいと言うのもわからんでもないし、ファンが見たいというのも理解できる。でも、打者として出て1本や2本のホームラン、時たまポーンと打ったの見て、なにが面白いんですか。投手としていい時の相手をねじ伏せるような投球、そういうのを見たいというのが本当のファンじゃないですか？　その点はファンもしっかり考えてもらいたいんですよ」

現役時代、張本は「安打製造機」の異名を取り、通算3085安打の日本記録を打ち立てた。現在は日曜朝の情報番組で〝球界ご意見番〟としておなじみ。ほかの評論家ならば、世間の空気を読んで言いよどむようなことでも、ズバリ直言する解説が真骨頂だ。

「私は見ないから知らないけどもインターネットには、なんで張本は大谷を褒めないんだと随分と書いてあるそうじゃないですか。でもね、褒めないわけじゃないんだよ。私は現実を言っているだけ。投手と打者と両方やるなんて、体力が持たないし、技術が追いつかないし、練習時間も取れない。やってみなければわからないことじゃなくて、限りなく不可能なことだからね。

日本でも両方よかったのは1シーズンだけしかないじゃない。しかも、相手が気を使って遠慮していたなかでのことだから。評論家なら誰でもわかることですよ。

でも、ほかの評論家は言いづらいんでしょうな。ファンに受けることを言って、自分がよく思われようと。私はそんなこと全然思わないから、本当のことを言う。評論家が世論におもねて、できもしないことをできるって言ってどうするんですか」

大谷の二刀流反対を話しているうちに、評論家への「喝！」も飛び出す。御年78歳（取材時）にして意気軒高。〝球界ご意見番〟の面目躍如である。

投手に専念すれば毎年20勝

張本は大谷が日本でプレーしていた頃から二刀流に反対してきた。それは大谷の投手としての実力を高く評価しているからで、投手に専念すべきというのが持論だ。

「私は70年近く野球を見てきたけれども、右投手のなかで大谷は素質、実力とも歴代トップレベル。スピードなら土橋（正幸）の兄《あん》ちゃん、コントロールなら稲尾（和久）さんクラス。しかも、あれだけ上背があって、ボールに角度がつくからね。

100年に一人の投手と言っていい。

いま、日本、アメリカを含めて160キロ以上のボールを投げられる投手がどれだけいるの？　打者にとって一番イヤなのは速い球で空振りを取られることですよ。バットに当たらなかったら、まぎれもないノーチャンスだからね。打者にとってスピードのある投手ほどイヤなものはない。大谷の指にかかったストレートはそうそう当てられませんよ。ましてやアメリカは日本みたいに待ちの打者が少ない。自分で止めようと思っても止められないで突っ込んでブルブル振り回すから。そういうことを考えても、アメリカでやるんなら投手のほうが断然、有利なんです。投手に専念すれば20勝以上を何年も続けられる可能性があると思いますよ。

じゃあ打者としてどうか。ホームラン50本、60本打てるか？　打てませんよ。あのくらいのクラスはアメリカなら3A、2Aにザラにおるからね。両方で超一流になれないなら二刀流なんてやる意味ありませんよ。むしろ打者を中途半端にやることで、投手としての実力が出し切れなくなることを心配しているんです」

二刀流をすることによる弊害とはどういうことなのか。

「走り込みができない。それが二刀流の大きなマイナスなんです。当然、打者の練習もあるから、投手の練習が少なくなる。投手もほどほど、野手もほどほど、どちらの練習量も減る。両方倒れるまでやったら、身体が持たないからね。

金田(正一)さん、堀内(恒夫)、村田兆治なんかと野球教室の指導で一緒になることがあるんだけど、彼らのような大投手たちが口を揃えて、大谷の走り込み不足を指摘しますよ。投手というのは6～7割は下半身の力で投げるんです。でも、大谷は上半身に頼ったフォームだね。これがもっと下半身ができていたら、投げるときに粘れるから、打者の手元でボールが伸びて威力が増すんだけども。金田さんなんか『ぶっ倒れるまで走らせれば、もっとスピードが出るのに、もったいない』と嘆いとるよ。

あと、心配なのはケガです。いま(2018年6月)は23歳でね、勢いと若さでやってるけど、25歳過ぎたらそうもいかなくなる。アメリカのグラウンドは硬くてケガをしやすい。日本人の選手も大抵、ケガをしてダメになるじゃない。さらに移動は日本と比べモノにならないくらいに大変だし時差もある。季節にもよるけど寒いところから暑いところまで環境の変化も大きい。疲れもたまるだろうし、集中力を欠くこともあるでしょう。そこにきて、打者で出場すればデッドボールもある。

花巻東高校・佐々木監督との〝奇縁〟

そんなある日、東北遠征に赴き、岩手の進学校・黒沢尻北高校と対戦した。これが水谷監督とメジャーリーガー・大谷翔平とを結ぶ最初の一糸となる。

「黒沢尻北のキャッチャーに佐々木という印象的な子がいたんです。いかにも勉強熱心で、目が爛々《らんらん》と輝いている。将来指導者になりたいという真摯《しんし》な姿勢が、強く伝わってきました。この遠征で、部員たちは黒沢尻北の父母会に食事を振る舞ってもらうなど、大変お世話になりました。私も佐々木くんのご両親の家に泊めてもらい、いろんな話をさせてもらっています。ご両親の人間性に強く惹《ひ》かれました。その人間性が佐々木くんを育てたんだと思いましたね」

佐々木洋。のちに甲子園で〝花巻東旋風〟を巻き起こす花巻東高校の監督である。佐々木の野球指導者への道は、この水谷監督との邂逅《かいこう》で一気に加速した。高校生ながら単独で上京すると、水谷監督の知己を頼り、社会人野球チーム・東芝の練習に参加したこともある。

進学先は水谷監督と同じ国士舘大学を希望した。同大出身の一関学院・沼田尚志《しょうし》大谷は左打ちだからね、利き腕にぶつけられたらどうすんの？　走者になったらスライディングもある、クロスプレーもある。こないだも牽制で右手から帰ってたけども、あんなの絶対やっちゃダメだよ。右投げなんだから。そうやって野手をやることでリスクが増える。投手だけやっていたら、しなくてもいいケガをすることに繋がる。そんなことで投手生命を絶つことになったら、悔やんでも悔やみきれない」

こういった張本の直言にもかかわらず、大谷はなぜ投手に専念しないのだろうか。

「私は栗山（英樹）に何度も言ったんだよ、投手に専念させなさいと。でもね、本人が二刀流をやりたいと言ってるからという。本人がやりたいと言っても、まだ子供じゃない。周りの経験ある大人が現実を教えてやらなくてどうするの？

ワンちゃん（王貞治）だって、高校ではセンバツの優勝投手になって、プロに入った時は投手だったんですよ。それを水原（茂）さん、川上（哲治）さんのような大御所が説き伏せた。いまはそういうふうに説得できる大人がいないんだね」

二刀流はまだ成功したとは言えない

とはいえ大谷は日本で二刀流を成し遂げ、メジャーでも一定の結果を出している。それでも二刀流に反対するのはどうしてなのか。

「二刀流が成功したかどうかはまだわからない。最初の20試合はポンポンポーンと打って、勝ったからね、すごい選手が入ってきたなと思われただろうけど、最初のうちは相手も様子を見ているから。遠慮しながらアウトコース寄りに投げてくる。それを打ってただけ。これからは相手だって意識するし、研究してくる。

メジャーの連中だってメシ食ってかなきゃならない。中南米の選手なんて人生懸けてプレーしているのが大勢いるからね。インコースに投げないと自分が生き延びていけないとなれば、近めの厳しいところに容赦なく投げてきますよ。

実際、だんだんとホームランは出なくなるし、打率は3割を切るし、成績は右肩下がりに落ちてきているじゃない。二刀流が成功したかどうか判断するのはまだ早い。だいたい80試合、オールスターが終わった頃には、どの程度の成績を残せるのか見えてくるでしょう。その時にエンゼルスの首脳陣も二刀流についてどうするのか考えなきゃいけないと思いますよ」

今後の成績次第で投手専念もあるということなのか。

「どういう契約になっているかだね。アメリカは契約社会だから、もし二刀流で契約しているなら、このまま行くしかない。でも、打者で出るにしても回数が問題だよね。スタメンで出ても1、2打席で代えるとか、代打で使うとか、打者での起用を減らして、投手としての比重を高めていくことになると思いますよ。

それでも二刀流を続けていたら、投手で10勝、打者では2割7分〜8分、ホームラン10本前後がせいぜいじゃないですか。これじゃ両方、並み以下の成績。どっちつかずの中途半端で、話題性なんかなくなっちゃいますよ。わざわざ二刀流をやる意味なんてないじゃないの」

理想的な打撃フォーム

大谷の打者としての能力が「落ちる」といっても、それは人並み外れた投手としての能力と比較してのこと。もし、張本の言うように2割7分〜8分、ホームラン

10本程度の結果だったとしても、メジャー1年目の打者としては上々の成績と言える。二刀流の是非とは別に、打者・大谷について見るべき点があることを張本は認める。

「本人が気づいたのか、誰かが教えたのかわからないけれども、メジャーに行ってからの大谷は右足を高く上げずに、スッと小さく出してステップするでしょう。あれは理想的な打撃フォームなんですよ。投手が投げてから、打者がボールを捉えるまでの時間はだいたい0・4秒くらいなんです。いまの選手は足を高く上げるのが多いから、ボールを探しながら打ちにいくことになる。でも、いまの大谷のように右足を小さく踏み出せば0・2秒くらいボールを見られる。飛んでるトンボを動いて捕まえにいくより、ジッとしながら捕まえたほうがいいのと理屈は一緒で、ボールを捉えやすくなる。

イチローもあまり足を上げなくなったけども、あれは自分で考えたそうですよ。メジャーの投手は球を動かしてくる。向こうの打者はパワーがあって、捉えたら吹っ飛んでくから、動くボールで微妙に芯を外そうとする。右足を小さくスッとステップするというのはその対策にもなる。待てるし、探せるし、捉えられるし、一石三鳥。これはちょっと見直したね。テレビの解説で『(二刀流で)代打くらいやらせてもいいかもしれない』と言ったのは、そういうことがあったからです」

メジャーリーグでは「フライボール革命」が全盛で、アッパースイングが推奨される傾向にある。しかし、張本は自身の打法をもとに、大谷に独自のフライボール理論を薦める。

「大谷の打球を見ていると、野手の間を抜くような強い当たりがそれほどない。芯でボールを捉えきれていないいんじゃないかな。それでもホームランがいくらか出ているのは、打高投低のアメリカ野球に助けられているところが大きい。アメリカは日本よりボールが飛ぶんです。まず単純に日本より反発係数が高いボールを使っているというのがある。それとアメリカは日本より乾燥しているから飛距離が出る。下半身さえしっかりしていれば、下からしゃくりあげてもボールが飛んでくれるんですよ。

だから上げろ、上げろと、アッパースイングを薦めるコーチが多い。でもね、アッパースイングじゃなければボールが上がらないというわけじゃない。私もレベルだったけど、ボールは上がったからね。細かく言えばね、ボールの下っ面を叩く。上から潰して空中から空間に打ち込む感覚だね。それで失敗してゴロになっても回転がいいから、野手の間を抜けていく。でもね、150キロくらいのボールの下っ面を瞬間的に叩くというのはなかなかできないですから。大谷もそういう練習から始めないとね」

大谷が打者としてさらに成績を残そうとするのならば、改善すべき点はどこなのか。

「近めの変化球と速い球にまだ難点があるね。彼はリーチが長いし、バットも長いから、遠くの球は手を伸ばせば届く。でも近めの球は普通に振りだすと当たっても根っこか、手元に当たって、いい当たりでも右に切れてファウル、あるいは詰まってボテボテになる。近めの球はバットを立てて振らないとね。

バットを立てて振れば、根っこのほうに当たって詰まっても、打球が右に切れずに、ボールを巻くようにしてフェンスを越えていく。ワンちゃんなんかはそれで非常にホームランの数を伸ばしたからね。これからインコースにバンバン来るだろうから、近めの捌き方は覚えたほうがいい。

あとは最近、悪いクセが出てきたね。ステップするときに右ヒザがグッと中に入る。日本にいた頃からその傾向はあったんだけど、ステップするときに踵《かかと》が投手の方向を向いているでしょう？　これはヒザが中に入っているから。当然入ったヒザは戻す動作が必要になる。メジャーリーガーの速いボールを打つのに、そんな余裕はないからね。打者としてもっと成績を残そうとするなら、これも直さないといかんね」

大谷の成功を願っている

張本の大谷に対する評価は思いのほか高い。そして大谷のことをよく見ている。

「勘違いしてもらっちゃ困るんだけども、私は大谷が憎くて二刀流に反対しているんじゃない。私も日本ハムのOBですから、大谷はかわいい後輩でもあるんです」

直接本人に二刀流に反対であることを伝えたことはあるのか。

「これまでキャンプの取材やインタビューで、何度も話をしたことがあるけれども、そういうことは言わない。私が直接、ああせえ、こうせえって言ったら本人に負担がかかるじゃないの（笑）。技術的な話も一切しません。私は現役の選手に直接、指導するときは必ずコーチに許可をもらう。越権行為になるからね。私とコーチが別々のこと言ったりしたら、本人が混乱してしまうからね。

監督やコーチを通して間接的に伝えたり、テレビや新聞の解説でこうしたほうがいいよ、これはダメだよと、意見を言うことはありますよ。でも、それは一つの意見であって、選択するかしないかは本人次第ですよ」

一人の青年としての大谷には、どのような印象を持っているのだろうか。

「非常にいい青年ですよ。誰に聞いても野球に対する姿勢だけでなく、生活態度もしっかりしているというしね。23歳なんていったら遊びたい盛りですよ。お金も自由になるし、男前だしモテるんだろうから、ウマい酒を呑《の》みたい、女遊びもしたい、博打《ばくち》もしたい、そう思うのが普通ですよ。でも、ほとんど彼は遊ばないというからね。東北の素朴な土地柄で育って、親の指導、教育がよかったんでしょうね。いまの時代、珍しいくらいの好青年ですよ」

一流は一流を知るということなのだろう。張本は大谷の実力と人間性を認め、だからこそ成功を願っている。

「私は野球を愛しているからね。リトルリーグから野球一筋に人生を懸けている青年を応援しないわけがないじゃない。大谷は大事な日本の宝ですよ。なんとしても大成してもらいたい。いま、アメリカに行っているのは、ちょっと気にくわないけども(笑)。やるんだったら向こう10年、メジャーリーガーたちが手も足も出ないような成績を残してほしいじゃない。大谷ならそれができる。そう思うから言ってるんです。投手に専念しなさい、二刀流はやめなさいと(笑)」

（本文中敬称略）

はりもと・いさお●1940年、広島県生まれ。59年に東映入団。76年、トレードで巨人へ。80年にロッテへ移籍し、翌年引退。16度のシーズン打率3割超。首位打者タイトルは7度獲得。NPB唯一の500本塁打300盗塁達成者。通算安打3085本の日本記録を持ち、「安打製造機」と称された。現在は「球界ご意見番」として活躍。

取材・文●石川哲也

二刀流成功の基準は「3割20勝」

野村克也

（2018年5月取材）

北海道日本ハムファイターズ入団当初、大谷翔平の二刀流挑戦に対して「プロ野球をなめるな」と厳しいコメントを発していたのが野村克也である。独自の野球理論により、選手としても監督としても多大なる実績を残してきた野村の目に、いま（2018年5月）の大谷の投打にわたる活躍は、いったいどのように映っているのだろうか。

「大谷のプレーを見るのは生中継ではなくニュース映像がほとんど。だから、どうしても打ったり抑えたりしているところばかりになるんだけど、それでもまあ大したもんだと思うよ。彼に対して最初に『プロ野球をなめるな』と言ったのは、キャッチャー出身の人間の性《さが》なんだよ。俺は前評判の高い優秀な新人が出てきた時に、打者であれば『どうやって抑えてやろう』、投手ならば『どうやって打ってやろう』と考える。一流の成績を残すというのは大変なことで、つまり『簡単に活躍されてたまるか』というキャッチャーの本能からそういうことを言ったわけだ。でも、大谷は実際に投げるほうも、打つほうも、日本でも、メジャーでも通用しているんだから、もうそんなことは言えないな。あれだけ活躍すれば認めざるを得ないよ。

直接の付き合いはないから進化や進歩の度合いというような細かなところまではわからないけど、メジャーで2本目のホームランを打ったのを見た限りで言えば、軸足のタメが利いたいいバッティングをしていたよ。我々の世界では『タメができればお金が貯《た》まる』といって、それが一流バッターの証しでもある」

日本ハム時代の成績から早々に「なめるな」発言の〝撤回〟を公言していた野村だが、さらなるメジャーでの活躍には感服しきりの様子である。だが、過去に捕手として対戦してきた名だたるスラッガーたちと比較したときに、打者・大谷の現状にはいくらか物足りなさを感じる部分もあるという。

打撃を見る限り〝ただの天才〟

「これは俺の持論であって、合っているのか、間違っているのかどうかはわからないけど、バッティングは〝アタマ〟ですよ。野球頭脳。頭の悪いヤツはダメ。過去の強打者は、やっぱりみんな野球頭脳に優れていたと言える。じゃあ大谷はどうかというと、しゃべった機会も少ないからなんとも言えないところはあるけれど、打っている映像からの印象で言えば〝ただの天才〟ですよ。天才的なバッティングとしか映らない。天才がその才能で打ってはいるけれど、そこに頭脳的なものはあまり感じないな。

とはいえ、メジャーで〝大谷シフト〟を敷かれていることを見れば、これは強打者として認められた証拠でもある。相手は大谷の打撃を嫌がっているからこそシフトを敷いてくるのだからね。だけど、それに左右されてはダメなわけで、シフトを無視した打撃をしたほうがいい。王(貞治)もシフトなど関係なしで引っ張り続けたように、相手に惑わされることなく自分のバッティングを常に心がけることが大事になる。

俺もヘボバッターだったけど、シフトを敷かれていたことがある。『セカンド方向がガラ空きだから流してやろうか』と思ったけれど、実はそれが向こうの思うツボ。守備の空いているところを狙って毎度ヒットにするなんてことはできるわけがないし、それをやろうとすればバッティングを崩すことにもなる。俺もそれがわかってからはシフトに左右されてはいかん、と自分のペースで打つようにしたんだけどね。大谷の場合はシフトの影響があるのかどうかはわからないけど、引っ張るよりも外角の球をセンターから左方向に打っているのが目立つよなあ。

俺のキャッチャーとしての経験からすると広角に打ってくる打者というのが一番嫌だったけど、じゃあ強打者とはなんなのかと言ったときには果たしてどうなのか。王はライトへの引っ張り専門だったからね。最近は強打者の定義も変わってきたのかもしれないけど、レフトに流してばかりでは、やっぱりホームランを量産することは難しいと思うよ。あと、やはり俺が現役の時にやっかいだったのは選球眼のいいバッター。好球必打という言葉があるけど、これがバッティングの基本。その点で言うと大谷はどうなんだろうね」

大谷の日本ハム時代5年間における三振率を仮に三振÷打席数で計算したときには、2割7分となる。極端に三振の少ないイチローとは比べるべくもないが（2017年までの日米通算で9分5厘）、NPB歴代最多三振の清原和博と比べたときにも（1955三振／9428打席＝2割7厘4毛）、かなり見劣りする数字である。

つまり、シフト対応など「アタマ」の部分と「選球眼」という野村理論における強打者の定義にそぐわない部分を、「天才性」で補っているというのが現状の大谷評ということになろうか。

打者・大谷の野村流「攻略法」

また今後見舞われるであろうメジャーの洗礼への危惧もあるという。

「背が高くて腕も長いからこそ外角をうまく打つこともできるわけだけど、俺がもし大谷を抑えようとするなら、まず内角を攻めるだろうね。インコースにちょっと変化させる、いまでいうカットボールをこれでもかと投げ込んでおいて、追い込んだところで真ん中からちょっと外れたところにフォークを落とせばセカンドゴロだよ。

昔から言っているように野球は4ペア、内外角のコース、高低、緩急、ストライクとボール、の組み合わせが大事。だから外角を攻めるなら、まず内角に投げておいて、打者にチラッとでも『次は内角に来るんじゃないか』と思わせるような配球が、大谷に限らず打者攻略の鉄則となる。内角を意識させることが最も相手のバッティングフォームを崩すことに繋がる。アメリカの野球というのは日本ほど複雑じゃないから、そうしたことを向こうのキャッチャーはわかっているのかなあとは思うけどね。

俺も現役のときに何人か外国人投手とバッテリーを組んだけど、ノーツーとかワンスリーになると真っすぐしか投げたがらなくて、変化球のサインを出すと『ノー、ノー』と首を振る。『なんで変化球をいかないんだ』と尋ねても『シカタナ〜イ』と言うだけ。そんな言葉をどこで覚えたのかは知らないけど、悪いカウントになってしまえば、もう『シカタナ～イ』と安易に直球でストライクを取ろうとする」

しかし、「ただの天才」と野村が言うように、その「素質」に関しては手放しで称賛する。

「大谷の素質がすごいことには違いない。DHで先発するぐらいだから、監督もその実力を認めている。この間なんて4番を打っていたし、クリーンアップを任されることも多くなった。まず打者としての第一関門は突破したと言っていい。そうなると次に怖いのはビーンボールだろうな。メジャーで最初の試練はそこだよ。

日本にまだ危険球退場の規定がなかった頃、外国人投手はあんまり打たれると平気で狙ってきた。スタンカ(ジョー・スタンカ＝ホワイトソックス→南海→大洋)というピッチャーとバッテリーを組んでいた時にも、やっぱり打たれるとすぐに熱くなってバーンと打者の頭の近くに投げてきた。打者のほうもそれを知っているから逃げ腰なんだけど、彼は絶対に当てないんだ。うまいんだよ。近いところに投げても当てたことがない。

大谷はまだ、あからさまなビーンボールは投げられていないようだけど、アメリカ人に限らず外国人は血の気が多いヤツがたくさんいるから、カーッとなるとなにをするかわからない。ましてや日本人に打たれたとなれば余計に腹が立つだろうし、そのあたりはちょっと心配だな」

なお、メジャーでも故意死球と認定されたときには罰金や出場停止などの厳しい処罰を下されることになるが、日本のような危険球退場の規定はない。投手側が〝自供〟することもまずないため「打者の身体を起こすためにインハイに投げただけ」といった定番の言い逃れとともに、ビーンボールが横行しているのが実情だ。

一本に絞るなら絶対に「投手」

監督としてリーグ制覇5回、日本一3回。いち早くデータ重視のID野球を取り入れるとともに「野村再生工場」と称されるほど選手育成に長《た》けた名将をして「これだけの結果を出しているからには、やはり二刀流で使いたくなる」と言わしめる大谷。それでも、仮にどちらか一方に絞るとしたら「断然ピッチャー」だと野村は断言する。

「やはり野球はピッチャーだからね。0点で抑えれば100パーセント負けはないし、10点取っても11点取られれば負ける。だから、やはり野球はピッチャーですよ。ピッチャーは自分がボールを持っているから好きなところへ好きな球を投げられる。それに対して打者は受け身だからね。攻めの投手と受け身の打者、そのどちらが向いているかは大谷自身の性格も関係してくるんだろうけども。

ピッチャーに専念すれば、もっとすごいレベルまでいけるかもしれないし、バッターとして出場することが投手・大谷の邪魔になるのかもしれないけど、実際に二刀流の影響がどこまであるのかは大谷本人にしかわからない。我々の時代には、いくら投打ともに才能があっても打者にはあとから転向すればいいというのが常識だったけど、いまの時代はそれが通用しなくなったということなのかもしれないしね。

ソフトバンクの柳田(悠岐)なんかにしたって、あんなアッパースイング……実際にスローで見るとインパクトの瞬間にはレベルスイングになっているようなんだけど、ダウンスイングで鳴らした王が、よくあれを許しているよなあ。大谷の二刀流と一緒で、我々の常識からは外れていても、結果が出ているから認めざるを得ないということなのかな。すごい時代になったもんだよ。

あと、いまは160キロの球を投げたとか、そういうことが話題になっているようだけど、スピードを追求することについてはあまり感心しない。これも俺の持論だけど、ピッチャーはスピードよりもコントロールだよ。長い間キャッチャーをやってきてそう思う。150キロのど真ん中と、130キロの外角低めとではやっぱり150キロのど真ん中のほうが打たれるのが野球なんだから。コントロールをよくするためには投げ込みも必要だろうけど、それよりも投げ方ですよ。バランスのいいフォームで投げることが大事。じゃあ大谷はどうかと言えば、通用しているんだからいいんじゃないの?」

二刀流で通算の記録を残すことは難しい

二刀流成功の基準値としてよく挙げられるのは、ベーブ・ルースが1918年に記録してから100年にわたって誰も達成していない二桁勝利二桁ホームラン(ルースの18年の記録は13勝11本塁打）である。

しかし、打者としては戦後初の三冠王を獲得し、捕手としても数多《あまた》の好投手の球を受けてきた野村にかかると、そのハードルはもう一段高くなる。

「大谷もプロ入りして6年になる（取材時）のだから、もうある程度数字を残さなきゃいけない。二刀流でこれまでに成功した人がいないのだから。ぜひその第一号になってほしいわな。成功の基準は3割20勝。そこまでいかないと成功とは言えないだろう。単に二刀流に挑戦するというだけなら、さほど難しいことではないけれど、それで結果を残すのが大変なんだよ。

二桁勝利二桁ホームランというけれど、ベーブ・ルースは二刀流としてではなく、その後の大打者としての実績で野球史に名前を残したわけだから、比較の対象としてはどうなのかな（ちなみに大谷よりも先にアメリカにおいて和製ベーブ・ルースと称されたのは、中学時代の清宮幸太郎の打棒に対してであった）。

二刀流でやっていく以上は通算での記録を残すことは難しいだろうね。6年目で通算ホームラン数が50本を超えたところでは、俺の記録（通算657本塁打）すら抜けないよ。名球会の2000安打、200勝なんて何年現役を続けなきゃいけないんだよ(日本5年間の大谷はトータル296安打42勝。同程度のペースでいくと仮定したときには2000安打、200勝に到達するまで投手で20年、打者では30年近くを要することになる)。人気商売である以上はマスコミの話題にもならなきゃいけないのだけれど、二刀流としての成功をうたうのであれば、やっぱり年間で3割20勝は期待したいわな」

二刀流で成功してもらいたいという気持ちは当然あるものの、その一方で大谷の活躍をいくらか寂しく思う気持ちもあるという。野村の現役時代には雲の上の存在だったメジャーリーグのレベルの低下だ。

レベルが低下したメジャーリーグ

「かつて俺の現役の頃の日米野球では、メジャーの単独チームにオールジャパンで挑んでも10試合中ひとつ勝てればいいほうだった。それぐらい日米の差があったんだ。いまはテレビの中継などでメジャーの情報が簡単に入る時代になったけれど、我々の時代にはメジャーの真剣勝負なんて見たことがない。日米野球で来たときに初めてメジャーリーグに触れられる。その頃にONがメジャーへ行ったらどれくらい打てるかなと想像したことがあったけれども、まあ2割7分〜8分打てばいいほうじゃないかと、それぐらい力の差を感じていた。

そう考えるとメジャーとの距離は本当に縮まったと思うよ。日本人の体力が向上したというのも若干はあるんだろう。大谷も身長190センチ以上というから、日本人の体形も大きくなったよね。だけど、そうしたことよりも気がかりなのはメジャーのほうだよ。ヤクルト監督時代、アメリカのユマでキャンプを張ったときにメジャーで監督もやったパット・コラレスに、『いまの日本人選手は平気でメジャーで活躍しているようだけど、実際のところはどうなんだ』と聞いたことがある。『まず一つはメジャーのレベルが下がった。そうして日本のレベルが少し上がった』というふうに言っていた。我々の頃は16チームだったのが、いまは30チームにまで増えたのだから、その分だけレベルを落としているということなんだけど、まあメジャーも安っぽくなったよな。

いま日本人メジャーリーガーは9人になるのかな（2018年当時。イチロー、田澤純一を含む）。そんな簡単に通用するなんてことが俺なんかからすると考えられない。日本のプロがどうこうというよりも、メジャーのレベルが下がったというのが寂しいわな。青木（宣親）にしたってヤクルトへ帰ってきたのはいいけど今季3割も打てていないんじゃないか（18年5月当時）。元メジャーリーガーがそれではなあ……。いまのメジャーに全盛時のONが行ったなら日本と大きく変わらないだけの成績を残せたんじゃないか」

不滅の記録をつくればいい

「だから大谷についても二刀流ということへの驚きはあるけど、活躍すること自体は意外でもない。所属するエンゼルスのファンが『オータニー！　オータニー！』と騒ぐ姿を見ると隔世の感を禁じ得ないけれど、もういまはそういう時代になったということなんだろうね。今後も日本人選手はどんどんメジャーへ行くことになるんだろうけど、本当にえらい時代になったもんだな」

1996年のオールスター戦でイチローが投手として登板したときには「オールスターは夢の舞台であって、遊びの場じゃない」と怒りをあらわにした野村。やはりイチローが2015年にメジャーのマウンドに上がったときにも不快感を示したものだが、それと大谷の二刀流ではもちろん話が違う。真剣に取り組みながら実際に通用しているのだから、文句のつけようもないという。

「今後は大谷の影響で二刀流に挑戦したいという若者も出てくるだろうな。それはもうやればいい。チャレンジは若さの特権なんだから。

大谷に彼女はいるのか？　あまりそういう噂は聞かないけれど、まあモテるんだろうなあ。他人の結婚についてあれこれ言える立場ではないけれど、でも、結婚するならアメリカ人よりも日本人を薦めるよ。やっぱりあちらとでは風習が違うからね。まだ23歳か（取材時）。いまはメジャー最低保証の年俸しかもらっていないらしいけど、これからどんどん稼ぐね。稼いでくればいい。10年後に大谷はどうなっているんだろうね。その頃にはもう俺はいないから（笑）。あと5年も生きたらいいほうだよ。だから俺みたいなもう終わった人間の言うことなんてどうだっていい。

常識外の二刀流？　結構なことじゃないか。不滅の記録をつくればいいんだよ」
（本文中敬称略）

【追記】
野村さんにお話を伺ったのは２０１８年5月16日。この頃には車椅子を利用するなど体調はすぐれないようでしたが、それでも大谷の試合はテレビでチェックしていたとのこと。渡米前にテレビ番組で大谷と対面したことはあまり記憶に残っていなかったご様子でした。二刀流については「結果が出ているから」と認めつつも、しばしば言葉を詰まらせ言い淀むなど、やはりどこか納得のいかない気持ちがあったようにも感じられました。２０２１年の大谷の活躍は、野村さんの想定内だったのでしょうか。

のむら・かつや●1935年、京都府生まれ。プロ野球評論家。54年に府立峰山高校から南海へテスト入団。3年目に正捕手の座を獲得し、57年に30本塁打で初タイトル。65年に戦後初の三冠王。通算記録で本塁打657、安打2901、打点1988はいずれも歴代2位。監督としてもリーグ優勝5回、日本一3回。2020年2月、虚血性心不全で死去。享年84。

取材・文●早川 満

二刀流をやめる〝余地〟を残しておくことは必要

江本孟紀

（2018年5月取材）

「誤解してる人が多いんだけど、俺は二刀流に『反対』とは言ってないんだよ。ただ『もったいない』と言ってるだけ。そもそも『どっちにするのがいいと思うか』の二者択一を迫ってくるのはメディアでありファンであって、そんなもんこっちからしたら『本人の好きにしたらいい』ってことでしかないからね。でもそれは、相手の求めてる答えじゃないからさ。で、そのたびに『ピッチャーのほうがいいんちゃうか』と答えてると、それがいつの間にか曲解されて『江本は二刀流に反対』となってるわけ。テレビ局なんかは、とくに善と悪の二項対立にすぐしたがるから、あれはタチが悪いよね（笑）」

取材場所に指定された東京・浅草にある老舗喫茶店の片隅で〝エモやん〟江本孟紀は、巷《ちまた》に広がる不本意な〝誤解〟を、そんなふうに嘆いてみせた。

たしかに、エモやんに対する世間のイメージは、張本勲と並ぶ〝否定派〟の急先鋒。張本の「二刀流いけるかも」などとする〝訂正〟発言が一部メディアですでに報じられているいま（2018年6月）となっては〝最後の砦《とりで》〟な感もあるほどだ。

「できるできないで言ったら、そら大谷は『できる』よ。彼はピッチャーでもバッターでも50年に一人ぐらいの才能を持ってる、とんでもないバケモン。そんなことはプロでやってきた人間なら、みんなわかってることだしね。ただ、だからこそ思うんだ。ピッチャーで10勝そこそこ、バッターで3割そこそこ、ホームラン20本打って、一過性の『二刀流スゴい』で終わっていいのか、と。どちらかに専念すれば、過去の偉大な選手たちをも超えられる可能性があるのに、いまのままでは規定投球回にも規定打席にも届かない。それはあまりにもったいないんちゃうかなって、ただそれだけの話なんですよ」

世間一般の価値観からすれば「10勝20本」でも、十二分にプレーヤーとしては一流だろう。だが、「そんな次元で終わっていい選手じゃない」というのが、エモやんの評。プロ野球選手はやはり「記録を残してこそ」だという。

「簡単な話。逆算してみたらいいんですよ。メジャーの規定投球回は試合数と同じだから、162イニング。規定打席は日本と同じで試合数×3・1だから、503打席でしょ。いまのまま中6日登板、そのあいだにDHで3、4試合出るってペースでは、規定打席はもちろん、規定投球回にさえ到達しない可能性のほうが高いよね? もし仮に登板試合を全部完投したとしても、最低18試合。去年(2017年)のメジャー最多勝が18勝なんだから、向こうで結果を残すってことが、どれだけ大変なことかはおのずとわかるってもんでしょう。

もちろん彼の才能をもってすれば、このままやっても『そこそこ』の成績は間違いなく残せるよ。でも、それだと数字のうえでは100勝、1000安打程度の腐るほどいる選手と変わらない。こんな俺でも6年連続で200イニング投げてるのに、俺より100倍ぐらい才能のある大谷翔平が『腐るほどいる』レベルでいいはずがないよね、と。そこを俺は言ってるだけなんだ。『記録より記憶に』とか言ったら聞こえはいいけど、〝カープ女子〟なんて呼ばれてる子たちが山本浩二さんや衣笠祥雄さんの存在を知らんまま赤ヘルの応援してる姿なんかを見たら、記憶ほどあてにならんもんはないってわかるしね」

ちなみに、当の大谷が、日本球界での5年間で規定投球回をクリアしたのは、初の二桁勝利をマークした2014年と、投手三冠を獲得したその翌年の2回だけ。17年に至っては足首の故障もあって、登板もわずかに5試合。3勝止まりに終わっている。

生身の人間がプレーする以上、故障のリスクや好不調の波は必ずある。エモやんの苦言は、「バケモン」と認める才能だからこそ、そうした不確定要素も考慮したうえで、より長く、より高みを望める選択肢を選ぶべきという〝親心〟にほかならない。

「まぁ、決める権限もなければ、直接アドバイスを求められたわけでもないから、最終的には本人のやりたいようにやったらいいとは思うけどね(笑)。ただ、でも我々はファンとは違うから。いまのように『スゴいスゴい』ともてはやされてるときこそ、冷静に物事を判断しながら、『いや、現実にはこういうこともありますよ』と警鐘を鳴らしていく必要があるんだよ。メジャーもいまはあんまり売りがないし、日本のメディアが彼のようなわかりやすいスターに飛びつくのも、商売だからしょうがない。でも、いきすぎた商業主義は選手を殺すことだってあるからね。たとえ本人がそれに納得していたとしても、そこはやっぱり経験者として迎合するわけにはいかんのよ」

成績急落で生じる〝不協和音〟のリスク

では、大谷が〝二刀流〟を続けるなかで直面し得るリスクには、具体的にどんなことが考えられるのか。「大きくいって二つある」とエモやんは指摘する。

「まずは、彼の成績が目に見えて落ちてきたときにどういう判断が下されるのか、という問題だよね。たとえば、エンゼルスには(アルバート・)プホルスっていう〝超〟がつくスーパースターがいる(2018年当時)けど、大谷がDHで出るときには、そんな彼が一塁に回って『どうぞ』と席を空ける格好になってるわけ。そこで大谷がスランプにでも陥ったらどうなるか。毎日出るわけじゃない、出てもそんなに打たない選手がスタメンに入っているとなれば、仮にピッチャーでは結果を残してたとしても不協和音は必ず出てくる。日本ハムではみんな物わかりがよくて誰も問題にしなかったけど、ドライでハングリーな向こうの選手たちが、そんなチャンスを黙って見てるはずはないからね。

それに、（マイク・）ソーシアって監督（18年当時）はメジャーでもとりわけシビアなことで知られる人物。20年近くも同じチームで監督をやるなんて芸当は、確固たる信念がなきゃできないし、それは選手に妥協をしないってことの裏返しでもあるからね。大谷の契約がどういう中身かにもよるだろうけど、ソーシアは今年（18年）が契約最終年でもあるみたいだし、彼のなかでの糸が切れたら、案外あっさりとやめさせるかもしれないよね」

むろん、個人事業主の集合体であるプロだからこそ生じる〝不協和音〟は、日本でもかねて懸念はあった。日本ハム時代にそれが表面化しなかったのは、有無を言わせぬ大谷自身の活躍はもとより、あるゆる局面で「俺が悪い」と選手たちをかばいだてしてきた栗山英樹監督の人徳によるところも大きかったに違いない。

「まぁそこは、俺は知らんけど（笑）。あとはもう単純に、身体がどこまでもつかってことだよね。いまはまだ若いからなんとかなってるかもしれないけど、天才と言えども疲労はたまる。どんなに肉体が強靱でも、いずれ限界はくるからね。トレーニングや調整にしたって、投打それぞれのことを考えたら、かけられる時間は実質半分しかないわけだし、西と東で最大3時間も時差がある長距離移動の負担は、日本のそれとは比較にならない。去年（17年）のような（ピッチャーとしての）シーズンを棒に振るような故障がまたいつ起きるともわからない以上、そのリスクは極力減らしたほうがいいんじゃないか、というのが俺の意見でもあるわけよ。もちろん余計なお世話でしかないけどね（笑）」

手放しの賛辞が若き天才を追いつめる

エモやんが語る大谷評は、予想に反して（と言ったら失礼だが）至極まっとうだった。そこかしこで文字には到底起こせない毒も吐いてはいたが、そこから滲《にじ》み出るのは、ひとえに「才能ある若者には長く活躍してほしい」という野球人としての愛なのだ。

「名のあるOBたちが〝二刀流〟を手放しで褒めそやすのは、結局のところ、そのほうが都合がいいからよ。『彼ならやれるはずだ』とか、もっともらしいことを言っておけば、世間からも悪く言われないし、彼が両方やり続ける限りは自分たちの記録が抜かれる心配もないからね。全員がそうとは言わんけど、〝二刀流〟で記録を残した人はそういう優越感は持ってるよ。落合（博満）にしたって、もし大谷が打者に専念して三冠王を狙えるぐらいの活躍をするようになったら、さすがに気が気でないだろうしね（笑）。

怖いのは、そうやって周囲やメディアが煽《あお》るだけ煽って、彼自身が『もう潮時かな』と思ったときにまで、それをさせないほどの過度な期待を背負わせること。いま現在は、彼の中での『二刀流でいきたい』って気持ちと、ファンの側の『二刀流が見たい』って欲求がマッチしてるからいいけど、いずれは温度差も出てくるから。そうなったときに引くに引けなくなった彼が無理を押して続けるようなことにでもなったら、それが一番の悲劇だと思うしね。遅かれ早かれ、選択を迫られるときは必ずくるんだから、張さんや俺に『喝ッ！』を言いたいファンの人たちも、彼がすんなり一本化に向かえる余地、逃げ道ぐらいは残しておいてあげたほうがいいんじゃない？」

大谷翔平という存在がこの先、自らが切り開いた前人未到の領域をどこまで駆けのぼっていくかは、それこそすべての野球ファンの関心事。それを可能にするだけの才能を彼自身が持っているということにも、もはや誰からも異論は出ないだろう。しかし、であればなおさら、熱狂から一歩引いた立場でのあえての苦言を呈する役目もまた重要な意味を持つ。興奮に水を差し、煙たがられることを承知で、デメリットしかない「うるさ型」を引き受けてくれるエモやんの、それは優しさでもあるわけだ。

「まぁ、ホントのことを言ったら、俺だってわざわざ嫌われたくはないしね（笑）。だいたいＮＨＫの専属じゃない俺には彼の出場試合を解説する機会もないし、海の向こうに行ってしまった時点で接点はなくなる。一応、毎年メジャーのキャンプにも視察には行ってるけど、自分の生活に実質なんの影響もないんだから、彼がどんな選択をしようと、究極的には『どっちでもいい』以外にないんだよ。もちろん、経験者として多くの人に正しい認識は持ってほしいって気持ちはあるから、こうやって取材も受けるけどね」

うるさ型の小言にも「まーた、言ってるよ。ホントは好きなくせに！」ぐらいの寛容な気持ちを持ちつつ、海を渡った〝二刀流〟のまだ見ぬ境地に刮目《かつもく》する。それが新旧双方の野球を愛するファンとしてのベストな距離感だと言えるだろう。

（本文中敬称略）

えもと・たけのり●１９４７年、高知県生まれ。71年、東映入団。翌年、野村克也の南海へ移籍し、開花。76年から阪神でエースとして活躍。野球関連の著書多数。『プロ野球を10倍楽しく見る方法』（82年）は大ベストセラーに。著書に『野球バカは死なず』（文春新書）など多数。

取材・文●鈴木長月

第五章　傑出——取材者たちの眼

大谷の思考方法はすでにベテランの域

斎藤庸裕（日刊スポーツ・アメリカ通信員）

（２０１８年５月寄稿）

エンゼルス大谷翔平投手が、日米で「大谷ブーム」を巻き起こすほど、メジャーでも二刀流として活躍した。（２０１８年）６月上旬に右肘内側側副靱帯を痛めて離脱したが、それまでは投手として４勝１敗、防御率３・10、打者としては打率２割８分９厘、６本塁打、20打点で堂々の結果を残した。

メジャーに挑戦した今年（18年）２月のアリゾナキャンプから筆者は大谷に密着した。調整方法、スケジュール、練習時間、クラブハウスでの時間、あらゆるところで大谷を見てきた。世界でもトップレベルのプレーヤーが、純粋に野球に取り組み、どう向上していくのか、取材する側も勉強させられることが多かった。

無邪気な笑顔が印象的だった。大谷翔平は、本当に野球が好きなんだ――。とにかく楽しそうに野球をやる。最初にそういう印象を受けた。

2月24日、オープン戦でメジャー初登板をしたあとの第一声も「内容はともかく、すごく楽しかったです」だった。その2日後、打者で出場した。感想は「すごく楽しかったですし、勉強になることが毎日あるので、充実している」

最高レベルの野球を楽しめる。そこに、投打二刀流での活躍のルーツがある。

イチローとの共通点

野球発祥の地、アメリカで大谷は普段から自然体だ。通訳が常に一緒についてはいるものの、よく笑う。打撃練習でも、クラブハウスの中でも、記者の囲み取材のときでさえ、笑うことがある。時々、豪快に笑うこともある。そんなときの無邪気な笑顔が本当に楽しそうに見える。

よく、チームメイトに「楽しそうにしているし、よく笑っているよ」と言われるが、愛想笑いではそう思わないだろう。本当にその空間を楽しんで、思いっきり笑っているから、周囲に好かれるのだと思う。

打撃練習で、打ち終わったあとにバンザイをして笑顔を見せたことがある。真意はわからないが、ホームランを打った直後のことだったから、チームメイトと「ホームラン競争」のようなゲームをしていて勝ったのだろうな、と想像できる。楽しそう。本当にそれに尽きる。

そういえば、と思った。映像を通してでしかないが、マリナーズの球団会長付特別補佐に就任した（当時）イチローも、よく笑っている。それも豪快に。44歳でも無邪気な笑顔だ。そういう姿が大谷と重なる。

パワー野球からスモールベースボールへメジャーの常識を覆してきた男と、二刀流時代へとメジャーを変えていく男。共通点は「純粋に野球を楽しむ」ことだと感じる。

だからこそ、常に野球に対する向上心がある。最高レベルでプレーするからこそ、壁にも当たってきた。春のキャンプ。結果が出なかった。打率は32打数4安打の1

割2分5厘。いまの大谷からは考えられない数字だ。打席で打ちにいく際、右足を上げるスタイルを貫いてきたが、シーズン直前ですり足気味に変えた。すると、結果が出るようになった。その過程について大谷はこう言った。

「野球を続けていく以上、投げるほうも打つほうも、毎年毎年、シーズン中も、いい方向に進むように試しながらやっている。どれが一番いいのかなと毎試合毎試合、探しながらやっている」

プロ野球選手としては、当然のことかもしれない。だが、大谷はここに費やしている時間が多いと感じる。開幕投手を務めたチームメイトのギャレット・リチャーズ投手からも「本当に多くの時間を野球に使っている。熱い男」と言われる。野球に集中する姿は誰が見てもわかるのだろう。

世界最高レベルの戦いを〝楽しむ〟

ある日、アメリカに来て一番難しかったことはなにか、と大谷は尋ねられた。答えは「言葉もそうですけど、野球のレベルは高いなって毎日毎日感じています」だった。メジャーのレベルは自分の想像をいつも超えてくる。ただ、「そのなかで自分をどう変えながら、いい方向に繋げていくのかっていうのを本当に毎日毎日、それしか考えていない」とも語った。

こういう発言から、自分を上回る相手に対しどう自分を成長させて、また超えられるぐらいのレベルに上げるかが、大谷の思考の多くを占めていると感じる。

「でも、すごく楽しい日々かなと思っています」

予想以上にレベルの高い相手にやられ、次はどう対応していくか試行錯誤を重ねる。大谷にとってそこが、メジャーで野球ができる楽しみのひとつなのだろう。

「(メジャー)初打席も初登板もやっぱり、ドキドキしましたし、ワクワクもしましたけど、そこは特別だったんじゃないかなと思いますし、そういう気持ちと違わずに同じ気持ちで毎日(試合に)入れている」

いまもこの気持ちは変わっていないと思う。右肘のケガをするまでは、毎打席、毎登板ごとに、その空間を楽しんでいるように見えた。

相手のレベルが上がれば上がるほど、その感覚は高まっていく。(2018年)

5月16日、現役メジャー最強右腕の一人、アストロズのジャスティン・バーランダーと対戦したときの言葉に如実に表れている。

「野球をやってきて、おそらく打席の中で見た一番速い球じゃないかと思います。それはもうスイングしていても、やっぱりここまで品のある球というか、スピードもそうですけど、なかなか経験したことがない。逆にそこをクリアしていく楽しみというか、技術を含めてそこのほうが今後の自分にとって大事。そこを超えていけるように練習したい」

最多奪三振4回、最多勝2回、MVP1回の実績を持つバーランダー(18年当時)。昨年(17年)はアストロズをワールドシリーズ制覇に導いた右腕と4打席対戦できた。無安打も、大谷にとっては「いくら払ってでも経験する価値のあること」だった。

バーランダーだけでなくメジャーの投手と対戦したあと、インタビューでよく聞くのは「どうして打てなかったのか考えて、それを次に生かしていけるか」という言葉だ。できなかったことを反省して、原因を考えて、成功に繋げる。

野球に限らず、プロの世界で活躍する人々にとっては当たり前のことだが、大谷も学習能力がとにかく高い。ソーシア監督(当時)からも高く評価される分析能力は、春のキャンプで結果が出なくてもシーズンに入って大活躍を見せた要因のひとつでもある。

そう考えれば、次回バーランダーと対戦するときというのは、なにか違ったものを見せてくれるだろう。「なにかやってくれる」とドキドキ、ワクワクさせてくれるのも、大谷翔平を取材する醍醐味《だいごみ》のひとつだ。

成功の秘密は「プラス思考」

うまくいくこともあれば、失敗して落ち込むこともある。人はそういうものだと思うが、大谷を見ていると気持ちが晴れることがよくある。

球団方針のひとつで、先発メンバーで試合出場した際は必ず取材対応することになっている。もちろん無安打のときもある。それでも、嫌な顔ひとつせずに質問に答える。ネガティブな返答はほとんどない。

たとえば、メジャーの大胆な大谷シフト(大谷のヒットゾーンを防ぐための守備陣形）にひっかかり、ヒットコースの打球が捕られて無安打となったことがあった。その点について「とくに気にしてバッティングを変えるということはない。むしろヒットコースが広がると思っているので」と前向きに話した。

また、メジャー1年目のため、対戦する投手のほとんどが初対戦で、難しさもある。それでも、「相手も初めてなので、それはもうおあいこかなという感じですし、僕だけが不利な状況ではないので、そこはちょっと違う」

たしかにその通りだと思った。

プラス思考であることは、取材対応時の発言などでわかっていたが、その考え方をうまく活用していると感じた。メジャー1年目でも、立ち合い負けしない。バッターボックスの中で、対等にやりあえている証拠だ。

大谷との初対戦で初球を打たれた、あるチームの投手がこう言っていた。「彼は非常に積極的だ。1年目とは思えない。ベテランの選手のようだ」と、メジャーの投手のほうが逆に大谷に対して警戒感を強めているようだった。

大谷が将棋をやるとは聞いたことがないが、データの活用に対し大谷はよく、「どちらが先に進んだ一手を打てるかどうかが大事」と言う。ファウルだとしても初球から積極的に打ちにいけば、相手にもプレッシャーがかかる。ベテランの打者のようだと話した投手の言葉からすれば、初対戦の投手相手にもすでに先の一手を与えているように思える。

「どう始まるかよりは、どう終わるかが大事」

大谷の考え方のなかで、もうひとつ気になることがある。(2018年)5月に入り、メジャーが開幕してから1カ月を振り返ってこう言った。

「どう始まるかよりは、どう終わるかが大事だと思うので、シーズンが終わったときに、いいシーズンだったなと思えるように、一日一日頑張りたい」

どこかで聞いたことのあるような言葉だった。

(18年)2月の下旬、エンゼルスで長年プレーし、昨年(17年)、米国野球殿堂入りしたウラジーミル・ゲレロ氏が、まったく同じことを言っていた。二刀流に挑戦する大谷への期待を問われた時、最初に「どう始めるかではなくて、どう終えるかということが大事」と言った。大谷とまったく同じだ。日本でも、横浜ＤｅＮＡベイスターズのアレックス・ラミレス監督（当時）が現役時代に同じことを言っていた。ゲレロ氏はドミニカ共和国からメジャーに挑戦し、米国殿堂入り。ラミレス監督は、ベネズエラ出身で日本プロ野球で多大な功績を残した。

両者が共通するのは異国へチャレンジし、成功を収めたレジェンド。大谷はメジャー1年目で早くも、この二人と同じような考え方をしている。メジャーリーガーや米野球関係者から「まだ23歳だろう。キッズみたいなものだ」と言われることもあるが、思考方法はすでにベテランの域に達している。

大谷のすごみを挙げているとキリがなくなるほど、さまざまな面で一流だと感じる。ここまで二刀流を見守ってきたソーシア監督は「彼にはユーモアがある」と言ったことがある。4月24日のアストロズ戦登板後に、女房役のマルドナド捕手との関係を米国メディアに問われ、「ビジネスパートナーです」と言い、大爆笑を誘った。

さらに5月13日の登板後に、日本で一番多く投げていた球種とその球数について聞かれ、「球数に関しては携帯で調べればわかると思うので、ぜひ、調べてもらいたい」と笑わせながら質問をかわした。たたみかけるように、「グーグルで調べても出てこないよ」と困り果てた米記者に、「ウソを教えたくないので。ハッハッハ」と、また無邪気に笑った。

その時のやりとりが、考えてわざと言っているようには見えなかった。だが、とっさに相手を笑わせるようなことが言える、ユーモアのセンスがある。そういうところからも、頭がいいなと感じる。

目に見えない大谷のすごさ

取材側はしっかりと準備をしなければならない。当然のことを聞けば、それなりの抽象的な答えしか返ってこない。また、同じような質問をすれば、「先ほど言った通りです」と返される。

一度、大谷に投げかけた質問の答えで声のトーンが下がったことがあった。打者としてバーランダーと対戦して4日後に登板した。その試合後、「バーランダーとの対戦が今回の登板に生きたか」と聞いた。

「根本的にレベルが違うので、次の試合ですぐできるようなことではないので、これから先のこと」

基本的にどんな質問でもしっかりと受け答えをする大谷のテンションは明らかに下がった。言葉の通り、メジャー最高の右腕のような投球がすぐにできたら、苦労はない。

バーランダーもコツコツと努力を続け、長年の時を経て、いまの圧倒的な投球を身につけたわけであって、それをすぐにできたと言えば、失礼にあたるかもしれない。言葉にはしていないが、発言の裏には、バーランダーに対する敬意があるのだろうなと思った。失礼な質問だったなと、気づかされた。

それでも、大谷の姿を毎日見ていると、自然と前向きになる。彼のように、何事も失敗から学び、次に生かしていければと思うことが多々ある。

取材側として、勉強になることが本当に多い。トップアスリートとは言葉や行動を通して、生き方を伝えてくれるものだと思う。

楽しんで生きる、失敗を成功に繋げる、ユーモアを交える、コツコツと努力する、何事にも挑戦をし続ける、いろんなことを教えてもらっている。
二刀流がうまくいった、ケガをしたなどの結果うんぬんではない。目に見えない大谷の思考に、超一流のすごみを日々感じる。

（本文中敬称略）

さいとう・のぶひろ●2007年に日刊スポーツ入社。10年からプロ野球ロッテ担当。11年は巨人、12、13年は楽天担当で田中将大の24連勝などを取材。14年に退職し、その後、渡米。16年からサンディエゴ州立大学のスポーツMBAプログラムでスポーツビジネスを学ぶ。18年から日刊スポーツのアメリカ通信員として契約。

したたかで強く、いい意味で利口

安倍昌彦（流しのブルペンキャッチャー）

（2018年6月取材）

「大谷翔平の球は大きかった。ストレートが向かってきて、どんどん大きくなる。感覚的には剛速球のソフトボールを受けているみたいな感じ、ズームアップしてくる。速いとか強いを超えて、存在やボールが大きく見えるピッチャーでした」

〝流しのブルペンキャッチャー〟として知られる安倍昌彦は、ミットを手に全国を回り、有望投手の球を受ける日々を送る。安倍が花巻東高校で大谷の球を受けたのは、夏の岩手大会敗退後の2012年秋だった。

マウンド上の高校3年の大谷は、大きな存在感があり、圧倒的なオーラを放っていたという。

「僕がブルペンキャッチャーをして球を受けるのは、基本的にドラフト候補となっているすごい投手ばかり。そのなかでも大谷はズバぬけていた。キャッチャーで構えていますよね、マウンドにいるピッチャーを見た時、すぐ目の前にいる感じ。18・44メートルの距離を感じない。夏の大会が終わって、ノンプレッシャーで気持ちも身体も楽なときに投げてもらった。ストレートは、もうとんでもなく速かった。当時のコーチに球速を測ってもらったら154キロ。なんの濁りもないきれいなストレート、真一文字で伸びてくる。それでミットからパーンと、本当に気持ちいい音がした」

花巻東のマウンドで、大谷が投げた球種はストレート、フォーク、カーブ、スライダー。最も精度が高かったのはスライダーだった。

日本ハムでバッテリーを組んだ鶴岡慎也も「大谷が一番すごいのはスライダー、俺の反射神経マックスでやっと捕れる」という談話を残している。

「スライダーは本当にすさまじかった。最初の一球、ミットにかすりもしなかった。

捕れないどころか、ミットにすら当たらない。思いっきり後ろにそらしました。曲がり始めるところが打者に近い。近くて、鋭い。一般的にスライダーは弓なりに曲がるボールが多いけど、大谷は猛スピードで真っすぐきて突然ピュッと曲がる。練習しないととても捕れない。あんなすごいボールをパンパン捕れたらおかしいですよ。どう動くかわかってないと捕れない」

日本にはいないスケール

全国を飛び回る安倍には、日々有力選手の情報が入ってくる。大谷翔平の名前を初めて聞いたのは、同じ花巻東の菊池雄星が3年春の選抜で準優勝となった2009年春だった。菊池の球を受けるために花巻東を訪れたとき、岩手県のリトルシニアにとんでもない中学生がいるという噂を聞いた。それが大谷だった。大谷は翌年春、甲子園で大活躍した菊池雄星に憧れて花巻東に入学した。

「ブルペンキャッチャーの取材では、プロに誰が行くのかって角度でやっている。全国から情報が入ってくるので、中学生から存在を知る選手もいます。大谷がプロのスカウトや我々の間で話題になり始めたのは、高校に入ってから。1年秋から試合に出るようになって、その頃から名前が出るようになった」

花巻東は春2回、夏8回甲子園に出場(18年6月時点)する岩手県花巻市にある強豪校だ。エース菊池擁するチームで岩手県勢初のセンバツ決勝進出を果たし、知名度は全国区となった。大エースだった菊池は西武、阪神、ヤクルト、楽天、中日、日本ハムの6球団に1位指名を受け、西武に入団した。大谷はその年度に入れ違いで花巻東に入学する。

安倍は高校3年時の菊池の球も受けている。

「菊池雄星も群を抜いたすごい球を投げていた。雄星は日本のプロ野球ではすごい投手になるだろうと思った。大谷はバッティングも含めて日本にはいないスケールがあって、日本のプロ野球では足りないだろうなと思った。大谷には日本のプロ野球を超えるスケールを感じた。大谷にちょうどいいのはメジャー、雄星は日本のプロ野球では大成功するだろうなと。大谷はそれくらいスケールが大きかった。花巻東という高校から、そんなすごい投手が連続して出てきたのは偶然。花巻東に野球留学したがっている中学生はたくさんいるけど、学校は受けつけてない。岩手の子供たちでチームをつくって、強くなろうという意識がある。野球部はほぼ全員が岩手県出身者、二人が入学したのはたまたまです」

花巻東には岩手県内の有望な選手が集まる。菊池も大谷も自宅から通える距離だったが、野球に集中するために寮に入っている。

「雄星や大谷は、高校時代からとにかくうまくなりたいって意識が高かった。監督やコーチからやれと言われるのではなく、自分でやる。二人ともちょっと狂った感じがあるくらいの高校生だった。雄星はとにかく球速を速くしたくて、当時は腕の角度を気にしていた。上から投げるほどボールが速くなると勘違いして肩を痛めてしまった。二人とも自分の素材はすごい、頑張れば日本のトップに行けるって自覚はあったと思う。大谷の場合はもっと大人っぽくて、雄星みたいな若気の至りみたいな勘違いはなかった。自分自身を常に客観的に眺めて、すごく理にかなったやり方で自分を伸ばしていましたね」

安倍は大谷の剛速球にも驚いたが、たまたま見ていたシートバッティングの練習での走塁も、とにかく衝撃的だったという。

「大谷がライト前にヒットを打った。普通はランナーだったらファーストを回り込んでヒットになる。ところが、大谷は思いっきり一塁ベースを駆け抜けてセカンドに突っ込んだんです。タイミング的には完全にアウト。その時ライトは二塁じゃなく、ファーストに投げた。それで、二塁打になった。試合後、大谷にどうして迷いなくセカンドに行けたの？　って聞いたら『ライトはボールを取る前にファーストを見ていました』って言う。一塁を回り込んだ僕を刺しにくるっていう確信があった、というんですよ」

プロでもなかなかできない状況判断だ。それを当たり前のようにやった高校時代の大谷の姿が、安倍の脳裏に焼きついているという。

したたかで強く、いい意味で利口

安倍は年間30人以上、有望投手の投球を受けている。

会いたい、受けてみたい投手を選び、所属チームの監督にアポを取る。安倍だけでなく、12球団のスカウトたちも全国の高校、大学、社会人の有望選手には目を光らせている。投球を受けるのは、ほとんどドラフト候補だ。所属チームの監督からOKが出れば、愛用するTAMAZAWAのミットを持ち、北海道から沖縄までどこへでも行く。

「僕は自分が人間的に気になる、話してみたいなってピッチャーを選んでいますね。たとえば試合を見ていて、ふてぶてしいとか、まったく表情が変わらないとか。そういう気になるピッチャーを取材する。そういう意味でまず思い浮かぶのは、三重中京大学の則本昂大《たかひろ》（現・楽天）ですね。則本は全日本大学野球選手権大会に2年生で出てきた。相手は強いチームだったけど、バッターがバッターボックスに入ってくる時、平然とマウンドから腕組んで見下ろしているんですよ。よくバッターボックスに打者を迎え入れるって表現があるけど、まさによく来たなって迎え入れていた。おまえはどんなバッターだ、どんな顔しているんだ、見せてみろみたいな、すごく挑戦的な態度だった。普通のピッチャーはバッターに背中を向けて、内野のボール回しをぼんやり見ていたりする。則本はもうケンカなんです。こいつは会ってみたいな、ボールを受けてみたいなと思いましたね」

三重中京大学のマウンドで、則本は想像通りの快速球を投げた。切り裂くようなストレートだった。

「則本は、だいたい想像通りだった。あんな強いバッターを相手にして、動揺とか怯《おび》えとかないのって聞いたら。『まったくない』って言っていた。『僕は東京の東都とか東京六大学のすごさとか、まったくわからないし、興味ない』って。三重中京大は廃校になってしまったけど、あの地域では無敵、強かった。『どこ大学の誰とか話になっても、僕は誰も知らないし、ビビりようがない』って話していましたね。知らない強さ、人間って知っちゃうとビビるじゃないですか」

強気で喧嘩腰の則本、それに似たような印象を受けたのは創価大学の小川泰弘（現・ヤクルト）だったという。小川はバッターボックスの打者と向き合うと、ゾッとするような目線で睨《にら》む。

大谷はベビーフェイスで、育ちがよく優しそうに見える。闘争心あふれる彼らとは、まったく印象が異なる。

「大谷は優しそうに見えるけど、あんなしたたかで強く、いい意味で利口というか、人をあんなにうまくだませるヤツはいないと思いましたよ。多くの人たちが彼を見て思っている〝優しそう〟というのは、だまされているわけ。僕も最初は田舎の好青年というイメージで接したけど、何度も取材しているうちに、だんだん彼のことがわかってきた。腹黒いっていうのか、とぼけるっていうのかな。上手にはぐらかす。自分やチームに損になることは、とりあえずはぐらかしておこうって姿勢で、本音は絶対に言わない。顔にも出さない。すごく大人っぽい」

本音を知られたくない防衛本能

大谷は情報を聞きだそうとしても、本音で語ることはまずないという。たしかに大谷から生々しい言葉は聞いたことがない。

「インタビューや記者会見をしているとき、大谷の目線は斜め上にある。インタビュアーと目線を合わせてしゃべることは、まずない。インタビュアーの目の少し上を見てしゃべる。僕に対してもそうで、そのことを花巻東の監督に聞いたんですよ。

そうしたら監督も、そういえばあいつと目を合わせたことないって。僕の想像だけど、防御本能というか。いつでもどこでも、誰かが台本をつくってくれたような内容で返事をする。いまも記者会見を見ていて、そう思う。はっきり言いたくないことは、すべてはぐらかす。相手があまりムカッとこないように上手に。野球は勝負なので、やっぱり自分のキャラとか本質みたいなものが相手に伝えられちゃうと、不利になることもある。本音を知られたくないって、防衛本能があるんでしょうね」

安倍はブルペンで投球を受けただけでなく、花巻東や甲子園で何度も大谷を取材している。等身大で言葉を発してくれたのは、たった一度しか記憶にない。

「彼とはだいぶ話したけど、台本がない感じのことをしゃべってくれたのは一度だけ。3年の夏の大会が終わって練習がなくなってフリーになるじゃないですか。『なにか遊んだ？』みたいなことを聞いたとき、地元の友達とお好み焼きを食べに行った話になった。水沢のイオンのフードコートに行って、豚玉を頼んでおいしかった、みたいな話になった。当時はもう超有名だったから、やっぱり騒ぎになったみたいで、小学生に群がられて大変だったと。その話をしているとき、初めて素の笑顔を見た気がしましたね。僕に対してはその一度だけだった。本当に素は出さない」

プロになって、いろんなメディアに出るようになった。しかし、安倍は大谷が素で話している場面は、いまだにほとんど見たことがないという。

早稲田大学進学は断って正解

安倍は早稲田大学高等学院から、早稲田大学に進学、野球部に入部した。同期生に南海ホークスから2位指名を受け、入団拒否して早稲田大学に進学した山倉和博（元・巨人）がいた。同じキャッチャーだ。早稲田大学でレギュラーになるのは、入団初日に無理だと悟ったという。２０１２年に何度も花巻東に通った目的は、OBとして大谷を早稲田大学野球部に誘うためでもあった。

「何度も笑顔ではぐらかされたけど、最終的には大学にはまったく興味ありませんって言われました」

花巻東から一般生徒も含めて、早稲田大学に進学した者は一人もいなかった。花巻東の佐々木洋監督は早稲田大学進学に大賛成だったが、ずっと先を見ていた大谷はあっさりと断った。

「大谷が早稲田に入ったら、入部した瞬間にナンバーワン。自分以上がいないので成長は難しい。仮に野球部に入っていたら、大谷はいまみたいな感じじゃなかったでしょうね。断って正解です。もう高校3年の時点で自分は世界に行ける、メジャーで活躍できるって思っていたのでしょう。高校生の段階で、そういうプランを立てていたはず」

プロ野球かメジャー挑戦か悩んだ大谷は、12年10月21日に「マイナーからスタートになると思うけれども、メジャーリーグに挑戦したい気持ちでいる」とメジャー挑戦を表明。しかし、同年10月25日のドラフト会議で、日本ハムが強引に単独1位指名をして交渉権を獲得した。

「最終的に日本のプロ野球を選んだのは、日本ハムの案に乗ったほうが得だろうという損得勘定でしょう。日本ハムは育成プログラムをつくって交渉した。このプログラムで日本ハムで何年間かやったほうが、メージャーに行くための素地づくりになるし、得だなって判断だったと思う。実際にその判断は正解でした。間違いなく日本ハムに行ったことが得になった。あのまま高校からメジャーに行けば、マイナーから。

メジャーになるには1A〜3Aのマイナーリーグを何年間かかけて上っていかないといけない。1A〜3Aのレベルは、日本のプロ野球よりずっと低い。低いレベルで何年かやるより、日本ハムという球団で中心選手になって、そこで3年なり、4年なりやったほうが自分のためになると思ったのでしょう。血になり、肉になるって計算したんだと思います」

ある意味、すごくエゴイスティック

日本ハムに入団した大谷は、1年目から二刀流として活躍した。3年目の2015年には15勝で最多勝のタイトルを獲《と》って、日本球界のスーパースターとなった。17年にメジャー挑戦を表明すると、全30球団が獲得に興味を示し、ロサンゼルス・エンゼルスに入団した。

「あの時に日本のどの球団に行っても、いまと同じように伸びて、同じようにメジャーで活躍したと思いますね。日本ハムはたまたまポジションが空いていて、早くに活躍できる場があった。ピッチャーもローテーションががっちりしているわけじゃなかった。隙間がいっぱいある球団だったからラッキーだったし、育成プログラムをしっかり組んでいたので、行き当たりばったりの扱いは受けなかった。あとは大谷自身のメジャーに行くというモチベーションがあるから、放っておいてもやる。17年のシーズン中に足を痛めて、後半戦には試合に出なかった。あれだけチームにとって大きな存在で、少々痛くても試合に出るのが日本のプロ野球。でも大谷は絶対に出なかった。自分は日本のプロ野球のために全力を尽くすのではなく、メジャーで活躍するためにいまなにをするべきか、それを最優先に考えていたってこと。

彼は本当にはっきりしている。ある意味、すごくエゴイスティック。チームのために、どんなケガをしても出るのが日本の美学だけど、そういうのに流されない。それ徹底的に自己主張を貫いても、好印象で好感度の高い大谷は悪者にならない。それもすごい」

流されないブレない大谷翔平は、高校時代にすでにメジャーでの現在の活躍を頭に描いていただろう、というのが安倍の推測だ。すべて計算ずく、一切の無駄な道を歩むことなく、世界のスーパースターになってしまったのだ。

（本文中敬称略）

あべ・まさひこ●1955年、宮城県生まれ。スポーツジャーナリスト。早稲田大学野球部出身でポジションは捕手。「流しのブルペンキャッチャー」と呼ばれ、ドラフト候補投手の球を実際に受け、その体験記事を雑誌『野球太郎』（ナックルボールスタジアム）で連載中。『流しのブルペンキャッチャーの旅』（白夜書房）など野球関係の著書多数。

取材・文●中村淳彦

大谷翔平「スターへの歩み」詳細年表

（日付は現地時間）

1994 7月5日 岩手県水沢市（現・奥州市）に生まれる。3400グラム。父・徹さんは元社会人野球選手。母・加代子さんは元バドミントンの選手だった。兄・龍太さん（現・トヨタ自動車東日本野球部）、姉・結香さんに次ぐ末っ子。翔は、岩手ゆかりの源義経のイメージから、平は岩手県平泉の「平」をとったという

2001 姉体小学校入学。低学年時は、児童書『ハリー・ポッター』シリーズに夢中だった

2002 姉体小学校2年生時の秋、父が監督を務めていたリトルリーグ「水沢リトル」

で野球を開始。最初は右打ちだった

2005

小学5年。「水沢リトル」が全国選抜東北大会に初出場（準優勝）。大谷自身は姉体小学校代表として水沢区の水泳大会に出場し、平泳ぎで3位入賞。陸上の記録会でも200メートルで3位に入賞している

2007

水沢南中学校に進学。「水沢リトル」の主将として全国選抜東北大会で優勝。その後、「一関リトルシニア」に所属し、野球を続ける

2009

「一関リトルシニア」で全国選抜大会に出場するも、1回戦負け。プロ野球選手のモノマネで友達を笑わせるのが得意で、なかでも小笠原道大の打撃フォームのモノマネはうまかったとか

2010　3月

水沢南中学校の卒業文集におけるアンケート「将来有名人になりそうな人」で1位に選ばれる。運動会での活躍などがその理由だった。勉強の成績も上位の4分の1に入っていた

4月　花巻東高校に進学。菊池雄星への憧れといわれるが、実際は、「（菊池の）球速を超えるため」とライバル視していた。3年間、寮生活。春から公式戦に出場するが、当初は、「4番・左翼手」

10月8日　秋から投手を務め、東北大会1回戦（学法福島戦）でのリリーフ登板で147キロを記録。自身の最速記録を4キロも更新する快投だったが試合は敗退した

2011

4月29日　光星学院（青森）との練習試合で、球速151キロを記録

8月7日　第93回全国高等学校野球選手権大会に出場。1回戦の帝京戦では、骨端線損傷により右翼手として先発出場。だが、4回途中からは登板し、田中将大（駒澤大学附属苫小牧高等学校）に並ぶ甲子園での高校2年生最速タイ記録（当時）となる150キロを記録。しかし、試合は7対8で敗退した

2012

3月21日　第84回選抜高等学校野球大会に出場。初戦で大阪桐蔭と対戦し先発するが、8回3分の2を投げて被安打7、与四死球11で9失点（自責点

5）。だが、11奪三振でその才能も見せつけた

7月19日　岩手大会準決勝の一関学院戦で、この夏初先発。6回2死二、三塁のピンチで見逃し三振を奪った直球が、岩手県営野球場のスピードガンで160キロを記録。01年夏の甲子園で日南学園・寺原隼人が出した158キロを抜く〝高校生最速〟となった。このときすでに、日米合わせて12球団のスカウトが観戦していた

7月26日　岩手大会決勝で3ランを浴びるなど、盛岡大学附属高校に敗退。3ランはポール際へのきわどい一発で、判定をめぐり試合が中断されたが覆らず、最後の夏、甲子園出場はならなかった。甲子園での通算成績は、投手として14回を投げ防御率3・77、16奪三振。野手として2試合で打率3割3分3厘、1本塁打

8月30日　この日より開幕の第25回AAA世界野球選手権大会の日本代表に選出され、主に指名打者として活躍。また、第1Rのカナダ戦（8月31日）では先発し、3回3分の1を3安打4奪三振3失点。5位決定戦の韓国戦（9月8日）でも先発し、7回2安打12奪三振2失点と好投したが打線の援護なく負け投手に

9月19日　プロ志望届を岩手高野連に提出。前日には、国内とメジャーの選択について「五分五分です」と話した

9月20日　米大リーグ、ドジャースのホワイトGM補佐が花巻東高校を訪問し、獲得の意思を佐々木洋野球部監督に伝える。10月2日にはレンジャーズ、10月11日には、レッドソックスの関係者も訪問

10月21日　花巻東高校で会見を開き、進路をメジャー一本に絞ったことを明らかに。「マイナーからのスタートだと思いますけど、厳しいところで自分を磨きたい。世界一の投手？　やるからにはそうなりたい」とコメント

10月23日　日本ハムの山田正雄GMが、25日のドラフト会議へ向け、大谷の1位指名を明言。「もちろん自信はありません。獲得できる選手から選ぶのでなく、ナンバーワンの選手を指名する。それがドラフトであり、ファイターズのスカウティング」（山田GM）

10月25日　ドラフト会議で、日本ハムが大谷を1位指名し交渉権獲得。大谷は、「（メジャー挑戦表明の）発表が遅くなったのが申し訳ないと思うし、そういうなかでも日本ハムさんが指名してくれたうれしい気持ちと、

動揺してる気持ち」と戸惑いを隠せず

10月26日　山田GMらが指名挨拶《あいさつ》のため花巻東高校を訪問も、大谷は同席せず佐々木洋野球部監督が対応。わずか18分で話し合いは終わったが、山田GMは「諦めず、最後の最後まで頑張りたい」とコメント

11月2日　山田GMらが2回目の指名挨拶のために、今度は大谷の自宅を訪問。両親と本人を交えて50分の会談に成功した。「大谷くんへ　夢は正夢　誰も歩いたことのない大谷の道をつくろう」と書かれた栗山監督からのサインボールが渡され、大谷も思わず笑顔

11月10日　山田GMらが、花巻市内のホテルで大谷の両親と入団交渉。メジャー挑戦の厳しい現状などをまとめた30ページの資料「大谷翔平君　夢への道しるべ～日本スポーツにおける若年期海外進出の考察～」を用いて、日本ハム入りのメリットを力説。「少しビックリした。大変いい話を聞かせていただいた。細かく本人に伝えたい」（父・徹さん）

11月17日　山田GMらが、奥州市内のホテルで大谷本人および両親を交え入団交渉。「エース兼4番として育てたい」と訴えると大谷も笑顔。「（日

本ハム入りは）まったくノーという感じでもないのでは」（徹さん）

11月26日　山田GMらが、奥州市内のホテルで大谷本人および両親を交え入団交渉。初めて栗山監督も出席し、「どうしたら夢がかなえられるか？　を、監督としてでなく、解説者として訴えた」とコメント

12月3日　栗山監督、山田GMらが、奥州市内のホテルで大谷本人および両親を交え入団交渉。契約金1億円プラス出来高払い5000万円、および、ダルビッシュがつけた背番号「11」の用意を提示した。大谷は、日本ハム広報を通じ、「今週中には球団に（結論を）伝えたいと思う」とコメント

12月9日　大谷が岩手県奥州市内で記者会見し、日本ハムへの入団を表明。「1年目から活躍できるよう頑張りたい。メジャー挑戦に見合う選手になりたい」とした。栗山監督は「喜びよりも責任の重さを感じている」とコメント

12月25日　札幌市内のホテルで入団会見。「高校では日本一になれなかったので、ファイターズの先輩方の背中を見ながら、成長して日本一になれるように頑張りたい。（球速よりも）日本一が最大の目標」とし、目標とす

る選手の一人として、稲葉篤紀を挙げた。契約金1億円＋出来高払い5000万円、年俸1500万円（推定）で仮契約も済ませ、背番号はダルビッシュもつけた「11」に正式決定。会見後には札幌ドームに移動し、投打で1球ずつ栗山英樹監督と対決。投球時にはビジョンに「160キロ」と表示されるサプライズも

2013

1月19日　千葉県鎌ケ谷市の日本ハム二軍室内練習場で、新入団選手歓迎式典。約1400人を前に背番号11のユニホーム姿を初披露した大谷は、「この背番号に負けないように、しっかり練習したい」

1月25日　二軍施設におけるスタッフ会議により、大谷に1年間、監督の許可や同行者の必要など外出制限を設けることを決定。大谷は「野球に専念してほしい、ということと受け止めた」とコメント

2月2日　二軍（沖縄県国頭村）でのキャンプスタートが決定していた大谷が、初のフリー打撃。柵越え7本を放つ

2月3日　初ブルペン入り。捕手を立たせたまま42球（うちカーブ8球、スライダー4球）を投げた

2月7日　高校の卒業試験のため、いったん岩手に帰省。翌日も試験を受けた

2月17日　紅白戦に打者として途中出場し、実戦デビュー。左前打、右翼線二塁打と2安打をマーク

2月22日　17日の紅白戦での2安打が評価され、沖縄県名護市で行われている一軍キャンプに合流

3月17日　中日とのオープン戦に「7番・右翼」で出場し、山内壮馬から3回に初本塁打（ソロ）

3月21日　東京ドームで行われた楽天とのオープン戦で、8回表に3番手の投手として初登板し、1安打2奪三振無失点。8回裏には打席に立ちファーストゴロ。9回表には右翼の守備につき、二刀流が幕を開けた

3月29日　シーズン開幕戦（西武戦）に、「8番・右翼」で先発出場し、2安打1打点。高卒新人が開幕戦で複数安打を記録したのは1960年の矢ノ浦国満（近鉄バファローズ）以来53年ぶり2人目。なお、一軍登録は「投手」としてだった

4月11日　イースタン・リーグのロッテ戦で初先発し、4回を投げて被安打5、与四球3で3失点、2奪三振。チームは1対6で敗れ、負け投手に。

大谷は「いまのままじゃダメ」とコメント

4月13日　オリックス戦に「8番・右翼」で先発出場も、2回の外野守備中に右足首を捻挫。翌日、選手登録抹消（5月4日に再登録）

5月23日　ヤクルト戦で投手として初登板、初先発し、二刀流が本格スタート。5回2失点で勝敗はつかなかったが、新人投手の初登板では史上最速となる157キロを記録。「すごく楽しかった」。メジャー経験者のヤクルト・岩村明憲は、「スピードだけならメジャーに匹敵」とコメント

6月1日　中日戦で先発し、5回、87球を投げ被安打4、3失点で記念すべき初勝利。4三振を奪うも3四死球の内容に、「なかなか波に乗れませんでしたが、攻撃に助けられました」と渋い表情でコメント

6月18日　セ・リーグの主催試合（広島戦）で、指名打者が使えないため、「5番・投手」で先発出場。先発投手が3〜5番を打つのは1963年の梶本隆夫（阪急ブレーブス）以来50年ぶり。投手としては4回3失点で降板したが、降板後に右翼手の守備に就き、打者としては安打1、打点1で、初の勝利打点も記録した。「野手としては50点。投手と

しては試合をつくれなかったし30点ですかね」とコメント

6月24日　オールスターゲームのファン投票で、パ・リーグの外野手部門3位に入り、初選出。得票数は28万4737票

7月10日　楽天戦で、4回に永井怜から本塁打を放つ（2ラン）。高卒新人でプロ初勝利と本塁打を記録したのは1967年の江夏豊（阪神）以来、46年ぶり。「（92打席目の1発に）やっとか、という感じ。遅かったかなと思う。（感触は）最高でした。本当にうれしかった」

7月14日　3日前、試合前練習中に打球が頬に当たり、「右頬骨不全骨折」と診断されたが、この日のロッテ戦で復帰し、大谷智久から自身初の代打本塁打・本拠地初本塁打・2試合連続本塁打となる2号本塁打。高卒新人の代打本塁打は23年ぶり。高卒新人の2戦連発は1993年の松井秀喜以来。栗山監督も、「褒めたかないけど……、素晴らしかったね、今日は」と脱帽

7月19日　オールスターゲーム第1戦で、5回から投手として登板。1回2安打無失点。最速157キロを記録。降板後は左翼の守備に就き、打席では2打数無安打

7月20日 オールスターゲーム第2戦で、高卒新人としてはオールスターゲーム史上初となる1番打者（右翼）で起用され、第1打席でオールスターゲーム初安打となる二塁打を記録

7月22日 オールスターゲーム第3戦で、高卒新人としては1986年の清原和博以来となるオールスターゲームでの打点を記録。敢闘選手賞とスカイアクティブテクノロジー賞を受賞し、賞金100万円と賞品のマツダ車1台が贈られる

8月9日 ロッテ戦で、プロ入り後初の救援登板。先発ケッペルのあとを受け、6回から2番手で登板。2イニングを1安打3三振1四球の無失点で切り抜けた

12月3日 札幌市内の球団事務所で契約更改交渉に臨み、倍増となる年俸3000万円（推定）でサイン。「納得できる成績を残せなかった」とコメント

2014

3月30日 オリックス戦で、プロ初の猛打賞。野手としての出場73戦目だった

4月12日 西武戦で先発し、プロ入り初の二桁奪三振（5回3分の2で10奪三

振）。相手は憧れの菊池雄星で、試合も勝利したが、6回を投げ切る寸前での四球での降板に「投げ切りたかった」と浮かぬ表情でコメントした

5月13日　西武戦で、プロ初完投&初完封勝利。9回を被安打6、奪三振9。「長いイニングを投げたいと思っていたけれど、やっと投げられたことがうれしい。次に繋がる」

6月4日　パ・リーグの投手として史上最速となる160キロを達成（広島戦）。場内をどよめかせたスピード掲示にも、「力を入れた球と抜いた球がどれくらい球速が違うかは毎回見ています」とクール。以降、この6月中は、ほか3試合でも160キロを記録した。なお、当時のセ・リーグの最速は2008年に由規（ヤクルト）が記録した161キロ

7月3日　この年のオールスター戦に、監督推薦で投手として選出

7月5日　プロ入り後初の1試合2本塁打達成（ロッテ戦。いずれも2ラン）。この日は自身の20歳の誕生日だった

7月9日　毎回の16奪三振で1失点の完投勝利（8勝目・楽天戦）。1試合16奪三振は1958年の土橋正幸、80年の木田勇と並ぶ球団タイ記録。68年

の江夏豊の20歳2カ月を更新する16奪三振以上のNPB最年少記録を達成

7月19日　オールスターゲーム第2戦で先発し、2度球速162キロを達成。公式戦を含め、2008年のマーク・クルーンに並ぶタイ記録（2球投げたのは大谷が初）。オールスター戦では史上最速だった

8月26日　自身初の二桁勝利を達成（ソフトバンク戦）。後半戦初の白星だっただけに、「オールスターでスピードを出そうとして腕を振りすぎた」とフォームに狂いが生じていたことを吐露

9月7日　シーズン10号（オリックス戦）で、プロ野球史上初の「10勝&10号」を達成

10月5日　楽天戦で自身公式戦初の球速162キロを記録。公式戦での最速タイ（2008年のマーク・クルーンと）になった

11月12日　「日米野球2014」に、投手として選出され、第1戦で8回から3番手で登場。メジャーリーグの猛者たちを三者凡退で切り捨てた。全12球中10球は150キロ台の直球で最速は159キロと、メジャー選手たちもその球速にクギ付け

11月18日　「日米野球2014」の第5戦に先発。4回2失点7奪三振で敗戦投手にはなったが、初回に球速160キロを記録し、インパクトを残した

12月5日　札幌市内の球団事務所で契約更改交渉に臨み、7000万円増の1億円でサイン。西武時代の松坂大輔に並ぶ、高卒3年目での大台到達となった。「ぴったり1億円です。欲しいものはないです。犬が欲しいけど、寮では飼えないので」と笑い、来シーズンの開幕投手を目標にした

2015

3月27日　初の開幕投手（楽天戦）。5回3分の2で、両ふくらはぎをつり降板したが、被安打3、失点1、6奪三振で勝利投手に。長嶋茂雄の誕生日である2月20日に栗山監督から手紙で開幕投手を伝えられていた。「長嶋さんがつくってくれたものを翔平に受け継いでもらわなければいけない」（栗山監督）

5月8日　3、4月度の月間MVPを初受賞（パ投手部門）。開幕から5勝0敗の好成績だった

6月26日　オールスター戦の先発投手部門で、ファン投票1位で選出。38万18

３４票を獲得し、２位の牧田和久（西武）の10万３４２５票に28万票以上の差をつけた

７月17日　オールスターゲーム第1戦で先発し、２回を投げ被安打２、１失点。最高球速は去年より３キロ減の１５９キロで、これは、「速さにこだわって理想のフォームを見失わないように」という栗山監督の助言があったとされる

８月８日　延長10回無死満塁の代打で、初のサヨナラ安打を記録（楽天戦）。お立ち台では「ファイターズ最高！」と珍しく絶叫

10月６日　パ・リーグの全日程が終了し、15勝、防御率２・24、勝率・７５０で最多勝利、最優秀防御率、最高勝率の投手三冠に。「周りとの兼ね合いもあるから絶対的なものではないですが、（タイトルは）ないよりはあったほうがいい」と、冷静にコメント

10月20日　パ・リーグの最優秀バッテリー賞を初受賞（捕手は大野奨太）。13試合でバッテリーを組み８勝４敗だった

11月８日　この日開幕の「ＷＢＳＣ世界野球プレミア12」に日本代表メンバーとして参加。投手一本の起用となり、開幕戦の韓国戦に先発。６回

を2安打無失点（10奪三振）に抑え、勝利に貢献した

11月19日　「WBSC世界野球プレミア12」準決勝の韓国戦に先発。7回を1安打無失点に抑える。試合は逆転負けも、2試合を通じて防御率0・00となり、大会のベストナイン（投手）に選ばれた

11月24日　ベストナイン（パ・リーグ・投手部門）を初受賞。「来年は日本一を達成したうえで取れるように頑張る」とコメント（この年の日本ハムは2位。CSファーストステージ敗退）

12月4日　札幌市内の球団事務所で契約更改交渉に臨み、倍増の2億円でサインした。高卒4年目での2億円到達はダルビッシュ有と並び球界最速。「信じられないというのはないです。それくらいの選手になりたいという思いがありましたから」とコメント

2016

3月25日　2年連続で開幕投手を務めるが、ロッテ相手に3失点し、負け投手に。開幕投手の発表は、2月22日午後2時22分22秒。大谷本人にはベーブ・ルースの誕生日である2月6日に伝えられた

5月11日　オリックス戦で東明大貴から2ランを打ち、4試合連続本塁打も、「（球

場の）東京ドームでなければ入ってなかった」と冷静なコメント

5月29日　楽天戦で、「6番・投手」としてスタメン入り。これにより指名打者枠は解除。パ・リーグ史上初の出来事だった。なお、同試合では、投手として7回4安打1失点で3勝目を挙げ、打者としては3安打1打点の猛打賞を記録

6月5日　巨人戦で「5番・投手」で先発、4回にクルーズから、自身最速となる163キロを達成（結果はファウル）。試合も9回2失点で完投勝利。打者としても1安打

7月3日　ソフトバンク戦で、自身初となる「1番・投手」として先発出場すると、初球先頭打者本塁打。8回を投げ切り2－0で8勝目を挙げた。「一番いい点の取り方だった」と本人も笑顔。もちろん投手による先頭打者本塁打はプロ野球史上初。メジャーリーグにも例がない

7月6日　6月度の月間MVPを初受賞（パ投手部門）。4試合登板で4勝0敗（防御率0・29）、奪三振数41の快投だった。「試合のなかでやりたいことができている」とコメント

7月15日　オールスター戦に投手部門のファン投票で選出されるも、7月10日

のロッテ戦でマメを潰した影響で登板を回避。だが、異例の野手としての出場が決定。第1戦ではホームランダービーに出場し、1回戦で2発の山田哲人、決勝戦で5発の柳田悠岐を、それぞれ1本ずつ上回り、計9本で優勝。「投げられなくて残念ですけど、こういうところで盛り上げられてよかったです」とコメント

7月16日　オールスターゲーム第2戦で、「5番・指名打者」で登場し、4打数3安打（1本塁打）2打点2得点でMVP選出。「気持ちよかった」とコメント

7月24日　3年ぶりとなるリリーフ登板で投手復帰（オリックス戦）。1回を無失点で抑え、プロ初ホールドを記録。先発への復帰は9月7日で、さらに約1カ月半を要した

9月13日　オリックス戦で先発し、自己ベストを更新する球速164キロを記録。しかし、打者の糸井嘉男は164キロの球を打ち、2点タイムリーに。「手がしびれた。（乗り物に例えるなら）新幹線の、のぞみ」（糸井）。試合は4－2で日本ハムが勝利も大谷に勝ち負けはつかず

9月28日　日本ハムのマジック1で迎えた西武戦に先発。9回1安打15奪三振で

完封勝利。自身初のペナント制覇、および優勝投手に。「勝つには最高のシチュエーションだった。楽しかった！」とコメント。これでシーズン10勝目となり、この時点での22本塁打、104安打と合わせ、「二桁勝利、二桁本塁打、100安打」という、メジャーリーグでも過去にないプロ野球初の快挙を達成

10月16日　クライマックスシリーズのファイナルステージ第5戦のソフトバンク戦で自身初セーブを挙げ、日本シリーズに進出。「3番・指名打者」として先発出場し、9回に指名打者解除でリリーフ登板。3者凡退に仕留めた。また、この試合で自己の日本記録を更新する球速165キロをマーク（相手打者は吉村裕基、本多雄一）

10月22日　日本シリーズ第1戦（広島戦）に「8番・投手」として先発出場も、6回3失点で敗戦投手。「マウンドがだいぶ硬かった。予想は立てていたが、投げる感覚が違った」とコメント

10月23日　日本シリーズ第2戦。9回に代打で出場も、空振り三振。投手がシリーズに代打で出場は60年ぶり6人目の記録だった

10月24日　日本シリーズ第3戦。「3番・指名打者」で先発出場（第4、5戦も同）。

延長10回裏、２死二塁の場面で広島の大瀬良大地からサヨナラタイムリー。「(初戦を)取られた分の倍くらいは取り返したいという気持ちで打席に入っていた」とコメント

10月29日 日本シリーズ第６戦。日本ハムは10－4で勝ち、自身初の日本一に。「プロ入りからの４年で一番いいシーズンになった」とコメント。出場機会はなかったが４－４の同点、８回表２アウト満塁で打席に中田翔、次の打者が投手のアンソニー・バスという場面でネクストバッターズサークルで待機。相手投手に重圧をかける栗山監督の策だった

11月13日 「侍ジャパン」強化試合の日本代表に選ばれ、この日のオランダ戦で７回、代打で出場し、東京ドームの屋根裏に打球が飛び込む幻の本塁打を放つ。大谷はいったん、本塁ベースまで１周したが、規定により二塁打とされ、笑顔で二塁に戻った。２００２年に松井秀喜が記録して以来の快挙だった

11月20日 札幌市の中心部で優勝パレード。パレードが初めてだった大谷は、「すごかった。想像していたよりも多かった」と約13万８０００人が沿道に集結した光景にびっくり。「パレードはファンにありがとうと言う

ものだと思うし、それができてよかった」と笑顔でコメントした

11月25日　パ・リーグのベストナインが発表され、投手と指名打者でダブル受賞。記者投票の規定では投手部門と野手部門の重複は禁止されていたが、今季の大谷の活躍を考慮し、9月下旬に規則が変更されていた

11月28日　パ・リーグMVPに選出される。候補上位3人までの記名式で、記者投票254票中、253票で1位を獲得というほぼ満票状態だったが、逆に残る1票の1位が同じ日本ハムのリリーフ投手・宮西尚生に投じられていたことで、ファンの間では物議もあった

12月5日　札幌市内で契約更改し、7000万円増の2億7000万円でサイン

2017

4月8日　3月31日の開幕戦（西武戦）から、「3番・指名打者」として活躍していたが（投手登板はなし）、この日のオリックス戦の第1打席で右足で一塁ベースを踏んだ際、左大腿二頭筋肉離れ。全治4週間のケガとなり、翌日には一軍登録を抹消された

6月23日　二軍の施設で治療・リハビリを経て、この日、約2カ月半ぶりに一軍登録。同日の楽天戦は出場機会なし。6月27日のソフトバンク戦で代打として復帰を果たした（結果は空振り三振）

7月12日　この日のオリックス戦で今季初登板。1回3分の1を被安打2、与四球3、4失点で負け投手に。調整登板のような内容に、ネット裏のメジャーのスカウトたちからは不満の声も

9月12日　楽天戦で、5回3分の2を1安打無失点、ようやく今季初勝利。史上4人目となる「40勝・40本塁打」を達成。過去の3人は野口明（49勝・61本塁打）、西沢道夫（60勝・212本塁打）、関根潤三（65勝・59本塁打）

10月4日　本拠地最終戦で、今季最終登板（オリックス戦）。プロ野球史上66年ぶりとなる「4番・投手」で出場し、打席では4打数1安打、投球では10奪三振の完封勝利を記録（3勝目）。いま現在の日本での最後の試合となった

10月12日　東京都内の病院で、内視鏡による「右足関節有痛性三角骨（足関節後方インピンジメント）除去術」を受け、無事に治療が終了。メジャー

行きが確実視されていた時期であり、「万全の状態で新しいシーズンを迎えるため」と、どちらともとれるコメントをしている

11月11日　東京都内の日本記者クラブで会見し、今オフにポスティングシステムを利用してメジャーに挑戦する意向を正式に表明。「本当にファイターズに入ってよかったなと思っています。きっとそれは一生思うんだろうなと思う。ファイターズの5年間は無駄ではなかった」と笑顔でコメント。会見にはファイターズカラーの青のネクタイ姿で登場。「ファイターズに対して感謝していますので、ぜひこの色をつけたいなと思いました」

11月26日　日本ハムのファンフェスティバルが札幌ドームで開かれ、大谷も参加。「やれと言われたので」と、はにかみながらマイケル・ジャクソンのムーンウオークを披露し笑いを誘った。会場には「ファンは翔平をずっと応援し続ける」という横断幕が掲げられ、「ファンを身近に感じられた」とコメントし、大谷も感無量の表情だった

11月29日　メジャー全30球団に対し、大谷側から代理人を通じ「質問状」を送付したことが明らかに。内容は「自身に対する評価」「今後の育成法」

など。米誌『USAトゥデー』電子版は、ダルビッシュが在籍したテキサス・レンジャーズが最有力と報じた

12月4日　大谷の代理人、ネズ・バレロ氏が入団候補をマリナーズ、ジャイアンツ、ドジャース、エンゼルス、パドレス、レンジャーズ、カブスの7球団に絞ったと声明

12月8日　ロサンゼルス・エンゼルスとの契約を発表。背番号は「17」。なお、日本ハムで大谷が背負っていた「11」はエンゼルスでは永久欠番だったエンゼルスの本拠地アナハイムのエンゼルスタジアムで、日米報道陣約200人のほか、約1000人の地元ファンが詰めかけるなかで入団会見。「ハイ、マイネームイズ、ショウヘイ・オオタニ」と自己紹介し、「今日は（主力選手の）マイク・トラウト選手の結婚式です。結婚、おめでとうございます」とチームメイトの祝福も。エンゼルス入団の理由は「感覚的なもの」、背番号については「本当は27番（マイク・トラウトの背番号）をつけたかったが埋まっていたので17番に」とコメント。当初は、ルーキー級アリゾナリーグ・エンゼルスとのマイナー契約であった

12月9日

12月25日 札幌ドームで「お別れ会見」。集まった約1万3000人のファンを前にした会見冒頭で、英語で挨拶《あいさつ》して驚かせると、「支えてくれる人がこれだけいるんだと実感するだけで、僕は米国でもっと強く、成長できる気がしています」と謝辞。最後は、エンゼルスのユニホームに身を包み、マウンド上から栗山監督へ1球。「まだまだ道の途中」とコメントし、メジャーでのさらなる成長を誓った

2018

3月28日 メジャー契約を結び、25人のアクティブ・ロースター（日本での一軍登録選手）入りした

3月29日 開幕戦のオークランド・アスレチックス戦で「8番・指名打者」で先発出場。メジャー初打席の初球で初安打を記録。「まだ試合が始まってすぐだったので、そんなに（喜びを）感じる余裕はなかった」とコメントしたが、戻ってきた初ヒットの記念球については、「両親に渡します」と、スタンドで見守った両親への感謝を見せた

4月1日 オークランド・アスレチックス戦でメジャー初登板。6回を被安打3、3失点に抑え初勝利し、「全体的には楽しめた。そっちの気持

ちのほうが緊張感を上回っていた」と笑顔でコメント。なお、開幕戦で打者として出場し、開幕10試合以内に先発登板したのはベーブ・ルース以来99年ぶりと報じられ、早くも二刀流のすごさを知らしめた

4月3日　本拠地初戦のクリーブランド・インディアンス戦で「8番・指名打者」として出場し、第1打席でメジャーリーグ初本塁打となる3ランを放つ。ベンチに帰還後、大谷とのハイタッチに誰も応じなかったが、それはメジャー球団で記念のホームランを放った同僚をあえて無視し、時間差で祝福する「サイレント・トリートメント」という流儀だった。改めて祝福された大谷も、「最初、なにが起こったのかと……」と苦笑い。なお、勝利投手が2日以内に打者として出場した試合の初回に本塁打を記録したのは1921年6月13、14日のベーブ・ルース以来、実に97年ぶりの快挙

4月4日　インディアンス戦に「8番・指名打者」で出場し、5回の第2打席で2試合連続となる2号2ランを放つ

4月6日　オークランド・アスレチックス戦に「8番・指名打者」で出場。第1打席で、3試合連続となる3号ソロを放つ。エンゼルスのルーキーがデビューから3試合連続で本塁打を記録するのは球団史上初。また、日本人メジャーリーガ

ーによる3試合連続ホームランは、2004年9月と2007年7月に記録したヤンキースの松井秀喜以来2人目

4月8日　アスレチック戦で本拠地エンゼルスタジアム初登板。6回まで無安打無四球の完全投球を見せ、7回被安打1、12奪三振、与四球1で2勝目を挙げる

4月9日　ア・リーグの週間MVPに輝く。メジャー1年目の日本人選手で4月上旬の選出は過去最速で、23歳9カ月は最年少

4月22日　ジャイアンツ戦で、メジャー初の4番で先発出場（指名打者）。チーム22試合目での4番は日本人最速だった。4打数1安打

5月2日　メジャーにおける、新人用の月間MVP「ルーキー・オブ・ザ・マンス」（ア・リーグ）を受賞。過去にはイチロー、石井一久、松井秀喜、岡島秀樹、ダルビッシュ有も選ばれている

5月6日　マリナーズ戦に先発し、7回（6回3分の0）被安打6、2失点、6奪三振で3勝目

5月20日　タンパベイ・レイズ戦で先発し、7回3分の2で被安打6、2失点、9奪三振で4勝目。メジャーでは最多となる110球を投げた

5月23日　ブルージェイズ戦でメジャー初盗塁となる二盗を決めた

6月8日　右肘の内側側副靱帯を損傷し、自身初となる10日間の故障者リスト入り。シーズン前半戦の投手復帰は絶望的に。先発登板した同6日のロイヤルズ戦で右手中指のまめが悪化し、4回1失点で降板していた

6月28日　投手復帰に1年以上を要する右肘の靱帯再建手術（通称トミー・ジョン手術）を回避し、打者として早期復帰を目指す方針を決めた

7月3日　マリナーズ戦に6番・指名打者でフル出場。4打数無安打だったものの、約1カ月ぶりに打者として復帰を果たした

7月8日　ドジャース戦で同点の7回に代打として出場。メジャー自身初の代打本塁打を放ち、これが試合の決勝点となった

7月23日　ホワイトソックス戦で8号ソロを放った。8本の本塁打はすべて本拠地のエンゼル・スタジアムで放ったもので、新人選手が最初の8本（最終的に9本）を同球場で放ったのは球団史上初の快挙

8月3日　インディアンス戦に3番・DHで先発出場。1回に先制の10号2ランを放ち、メジャー1年目で二桁本塁打に到達した。3回には2打席連続となる11号ソロを放ち、メジャー自身初の1試合2本塁打を記録。8、9回には安打を放って日米通じて初の4安打をマークした

9月2日　アストロズ戦に投手として先発登板。3回途中で降板となって2敗目を喫したが、88日ぶりに「二刀流」が復活した。1シーズンで10試合に先発登板し、かつ10本塁打を記録したのは、ベーブ・ルース以来の出来事で史上2人目の快挙とされる

9月5日　2日の登板後の精密検査で、右肘靭帯に新たな損傷が判明。医師にトミー・ジョン手術を勧められていると発表した

9月7日　ホワイトソックス戦に5番・DHで出場。3試合連続となる第19号勝ち越し3ランを放ち、メジャー1年目の日本人選手の本塁打記録として2006年の城島健司を上回り、歴代1位となった

9月10日　9月3日〜9日のア・リーグ週間MVPを2度目の受賞。日本人選手のシーズン2度目は、1996年の野茂英雄以来となる史上2人目

9月15日　4番・DHで出場したマリナーズ戦の1回に第20号となるソロ本塁打。日本人選手としてシーズン20本以上は、松井秀喜に次いで史上2人目となった

9月28日　アスレチックス戦で10個目の盗塁をマーク。メジャー史上初となる同一シーズンでの「10登板、20本塁打、10盗塁」の記録を達成した

9月30日　アスレチックスとの最終戦に3番・DHで出場。9回に中前打を放ってサヨ

ナラ勝ちの口火を切った。今季の最終的な打撃成績は打率2割8分5厘、22本塁打、61打点、10盗塁、投手としては4勝2敗、防御率3・31、63奪三振という結果になった

10月1日 ロサンゼルス市内の病院でトミー・ジョン手術を受け、成功したと発表した。投手復帰まで通常1年以上を要するため、2019シーズンは打者に専念する方針となった

11月12日 ベーブ・ルース以来となる本格的な「二刀流」の選手としての活躍が高く評価され、ア・リーグの最優秀新人（新人王）に選出された。日本人選手としては2001年のイチロー以来となる17年ぶり4人目

12月20日 ア・リーグ新人王に輝いた功績などにより、2年ぶり2度目となる日本プロスポーツ大賞を受賞した

2019

2月22日 アリゾナ州の球団施設で前年10月の右肘手術後初めてティー打撃を再開。以降、慎重にリハビリを重ねる

3月11日 エンゼルスと年俸65万ドル（約7200万円）でメジャー契約を結んだ

5月7日 デトロイト・タイガース戦に3番・DHでフル出場。4打数無安打だったも

の の、打者として219日ぶりにメジャー復帰を果たした

6月8日 マリナーズ戦に3番・DHで先発出場。花巻東高の先輩・菊池雄星とメジャーで初めて対戦し、6号ソロを含む2安打で「同窓対決」を制した

6月13日 レイズ戦に3番・DHで出場。1回に本塁打、3回に二塁打、5回に三塁打、7回に中前打を放ち、メジャーで日本選手初となるサイクル安打を達成した

6月26日 エンゼル・スタジアムのブルペンで手術後初となる投球練習を再開

6月27日 アスレチックス戦で10号2ランを放ち、2年連続となる二桁本塁打を達成。入団から2年続けて二桁本塁打を記録した日本人選手は、松井秀喜、井口資仁、城島健司、福留孝介に続いて5人目

7月5日 アストロズ戦でメジャーを代表する右腕、ジャスティン・バーランダーから中越えの13号本塁打を放ち、自らのバットで自身の誕生日を祝った

8月13日 パイレーツ戦の9回に二盗に成功し、昨季と並ぶ10盗塁をマーク。日本人選手として2度の「15本塁打以上&10盗塁以上」の記録達成は、井口資仁以来となる2人目

9月13日 左膝蓋骨の手術を受ける。手術は成功したが全治8~12週間の予定で2019シーズン内の復帰は絶望的に。106試合に出場し、打撃成績は打率2割

8分6厘、110安打、18本塁打、12盗塁、62打点でシーズン終了となった

2020 4月23日 MLB公式サイトが2000年以降のア・ナ両リーグの新人王40人をランク付けし、日本人選手として4位のイチローに次いで7位に選出。投打の「二刀流」への挑戦が高く評価された

7月7日 2018年に右肘手術を受けてから初となる試合形式の紅白戦に先発登板。3回で全50球を投げてストライクに入ったのは15球、7つの四死球と大乱調だったが、約1年10カ月ぶりの実戦マウンドを投げ切った

7月26日 開幕3戦目のアスレチックス戦に先発登板。2018年の右肘手術から693日ぶりに投手復帰したが、3安打5失点、3四球で一死も取れないまま1回途中で降板。日本ハム時代を含め自身最短降板となり、日本のメディアに「野球人生最大の屈辱」などと報じられた

7月27日 アスレチックス戦に3番・DHで先発出場。前日に投手として先発登板し、その翌日に打者として出場するのはメジャー3年目で初

8月2日 アストロズ戦に今季2度目となる先発登板。初回は無安打・無失点に抑えたが、2回途中から最速156キロ超の球速が140キロ台に低下。連続押し

出し四球を与え、そのまま降板した

8月3日　2日の登板後に右腕の違和感を訴え、MRI検査の結果、右肘付近の屈筋回内筋痛と診断された。投球再開まで4~6週間かかる見込み。同年のレギュラーシーズンは9月下旬に終了するため、シーズン中の投手復帰はきわめて厳しくなった。

9月4日　アストロズ戦に4番・DHでフル出場。5-5で迎えた延長11回の第6打席、1死二塁のフルカウントから6球目のスライダーを右前へ運んだ。メジャー自身初のサヨナラ打で、復調の兆しを見せた

9月12日　ロッキーズ戦でスタメンから外れたが、2-2の同点で迎えた延長11回にメジャー3年目で初めて代走に起用された。後続の3ランで勝ち越しのホームを踏んでいる

9月27日　レギュラーシーズンが終了し、打撃成績は打率1割9分、29安打、7本塁打、7盗塁。24打点。投手成績は、2試合に登板で0勝1敗0S、防御率37・80という結果に終わった

2021

2月8日　エンゼルスと年俸調停を回避し、2年総額850万ドル（約8億9000万

円）で契約合意した。年俸は2021シーズンが300万ドル（約3億1500万円）、2022シーズンは550万ドル（約5億8000万円）で、日本ハム時代の最高年俸2億7000万円（推定／2017年）を超えた。前年の投打の不振やケガの不安があったが、球団側が「二刀流」の価値と今後の可能性を考慮し、要求額以上の金額を提示して調停を回避したとみられる

4月2日　開幕2戦目のホワイトソックス戦に2番・DHで先発出場。9回の第5打席に右中間へ今季初安打となる1号2ランを放った。

4月3日　ホワイトソックス戦に2番・DHで先発出場し、2試合連続ヒットを記録。登板前日に打者として出場したのはメジャー4年目で初めて

4月4日　ホワイトソックス戦に今季初登板。打順2番のDH解除で「リアル二刀流」として出場した。メジャー公式戦での投打同時出場は4年目で初めて。投手として1回表を無失点に抑えると、その裏の第1打席で右中間に先制2号ソロを放って自らを援護した。勝利投手の権利を目前にした5回、暴投や捕逸による3失点、本塁での走者との交錯によって無念の降板となり、惜しくも白星はつかなかった

4月9日　ブルージェイズ戦に2番・DHで先発出場。5回の第3打席に3号ソロを放

ち、日本人選手最速となるメジャー通算50本塁打を記録した。997打席目での通算50号到達で、それまで日本人最速記録だった松井秀喜の1393打席を大幅に更新した

4月21日
登板翌日のレンジャーズ戦に2番・DHで先発出場。3回の第2打席に右中間へ5号ソロを放ち、日米通算100本塁打を達成した。打ち上げ角度が低かったために本塁打になるか確信が持てず、ベース一周をわずか17・3秒で駆け抜けたことで「今季メジャー最速のダイヤモンド1周」と現地メディアに報じられた

4月24日
アストロズ戦に2番・DHで先発出場。大量点差をつけられたエンゼルスは、8回から左翼を守っていたベンブームが投手として登板。ベンチの野手を使い切っていたため、大谷のDHを解除して左翼の守備に就かせた。公式戦での外野守備は日本ハム時代の2014年7月13日のソフトバンク戦以来、2478日ぶりだったが、敵チームの左翼線二塁打を無難に処理し、一部メディアで「三刀流」と称された

4月26日
レンジャーズ戦に自身2度目となる2番・投手で「リアル二刀流」出場。5回4失点9奪三振で、2018年5月20日のレイズ戦以来、1072日ぶり

となるメジャー白星を挙げた。打者としても2安打2打点の活躍。前日に両リーグトップタイとなる7号本塁打を放っており、本塁打トップの選手による先発登板は、ベーブ・ルースがヤンキース時代の1921年6月13日に記録して以来、100年ぶりの偉業となった

5月5日　レイズ戦に今季4度目の先発登板。この日は投手に専念。制球に苦しんだものの、6回途中まで被安打1、無失点の力投で、勝利投手の権利を得てマウンドを降りた。しかし、7回に試合をひっくり返され、今季2勝目はお預けとなった

5月6日　レイズ戦に2番・DHで先発出場。3回の第2打席で両リーグトップタイとなる10号2ランを放った。エンゼルスの公式ツイッターは「待って、この男は昨日登板してなかったっけ?」と驚きを表現し、現地の各メディアでも「非現実的で信じがたい」「球界の顔」などと絶賛された。これまでシーズン10号の日本人最速は2019年に自身が記録した44試合目だったが、今季は30試合目で到達した

5月7日　ドジャース戦に2番・DHで先発出場。5回と6回に2打席連続でタイムリー二塁打を放ち、今季10度目のマルチ安打を記録。6回の二塁打はボール球

に手を出して完全に身体が泳ぎ、右手一本になりながらフェンス直撃の当たりとなったため、現地記者らが「片手で二塁打、異次元だ」「クレージー」などと驚嘆した

参考文献

●書籍
『大谷翔平 二刀流』（扶桑社）
『道ひらく、海わたる 大谷翔平の素顔』（扶桑社）
●新聞
『朝日新聞』
『毎日新聞』
『読売新聞』

本書は、２０１８年7月に小社より刊行した単行本『証言 大谷翔平 大リーグを変える「天才二刀流」の素顔』を増補・改訂、改題したものです。

宝島社新書

証言 大谷翔平
（しょうげん おおたにしょうへい）

2021年6月24日　第1刷発行
2023年1月28日　第2刷発行

著　者　張本 勲＋野村克也＋
　　　　江本孟紀ほか

発行人　蓮見清一
発行所　株式会社　宝島社
〒102-8388 東京都千代田区一番町25番地
電話：営業　03(3234)4621
　　　編集　03(3239)0646
https://tkj.jp
印刷・製本：中央精版印刷株式会社

ISBN 978-4-299-01828-1